금강반야바라밀경

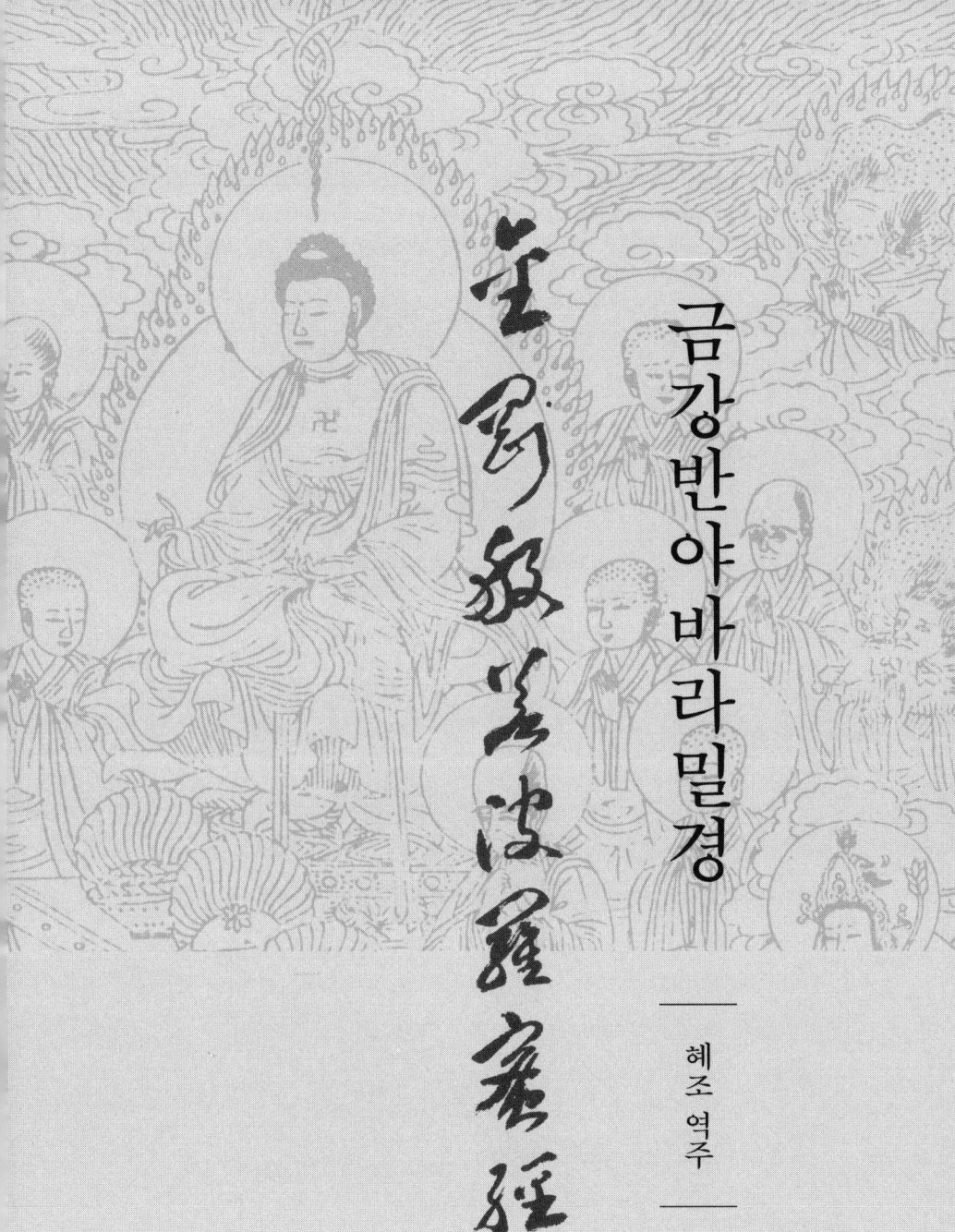

금강반야바라밀경

金剛般若波羅蜜經

혜조 역주

운주사

추천사

부처님께서는 윤회의 고통에서 중생이 벗어나지 못하는 이유가 상相에 집착하기 때문이라 하셨습니다. 그러나 상相에 집착하도록 만드는 어떤 주체적 실존자가 따로 있는 것이 아닙니다. 진리를 바로 보는 안목이 없어서, 전도된 소견으로 중생 스스로 분별심을 내어 각종 번뇌 망상 속에서 싹이 트는 것이 바로 '상相'입니다.

이처럼 잘못된 생각과 관념의 온갖 분별 망상의 업은 그 실체가 없음에도 불구하고, 중생 스스로 자각하여 놓아버리지 않고 기존의 사고방식을 답습하기만 한다면 윤회의 고통 또한 계속 되풀이되는 것이 어쩔 수 없는 중생들의 비극적 현실입니다.

그 허망한 번뇌 업장의 조정을 당해 오랜 세월 보고 듣는 감각이 거꾸로 되어버린 중생들의 안목을 단박에 바로 세우기란 그리 쉬운 일이 아닐 것입니다. 오죽했으면 부처님께서도 평생 설법하시면서 중생들의 상병相病을 고치고자, 여러 반야부 가르침들을 자그마치 21

년간이나 설하셨겠습니까? 그러므로 다겁생래의 상병
相病을 깨뜨리는 데 가장 강력한 무기인 『금강경』의 약
을 먹는 자는 오랜 중병에서 저절로 해방되어 쾌활자재
할 것입니다.

경전의 사구게四句偈 게송 하나만이라도 남에게 일러
주면 무량한 복덕을 얻는다고 합니다. 금번에 혜조 스
님이 꾸준히 독송하며 누구나 알기 쉽게 번역한 이 경
전이 널리 유포되어, 모든 생명이 안심입명安心立命의
궁극처에 도달해 자유인이 되어 무애자재한 해탈 경지
에 속히 이르기를 바라마지않습니다.

2026년 정초에
덕숭산인德崇山人 설정雪靖 식識

서문

어린 시절 윗목에서 일렁이는 촛불 아래『천수경』과 『금강경』을 읽으시던 어머니의 독경 소리는 아침을 깨우는 기분 좋은 알람이었습니다. 물론 독경 소리와 함께 아직 날이 밝으려면 몇 시간은 더 잘 수 있다는 달콤한 예감으로 이불 속에서 밍기적거리며 단잠에 빠져들곤 했지만……. 하지만 그렇게 이어오던 독경 소리가 어느 날 아침 문득 들리지 않았습니다. 작게 웅얼거리는 염불 소리가 들리지 않자, 날이 밝은 것이 분명한데도 내심 아침을 받아들일 수 없어 이불을 뒤집어쓴 채 하염없이 소리나기만 바라고 누워 있었지요.

마침내 해가 중천에 떴을 무렵 일어나, 대학 생활을 위해 처음 집을 떠나와 자취방에서 홀로 아침을 맞이한 상황임을 인식했습니다. 그리고 배가 고파 쌀을 씻어 밥을 지으며, 집에서는 어머니와 언니가 밥을 해주셨지만 이제 스스로 밥을 해 먹듯 염불도 직접 해야겠다는 생각이 들었습니다. 그 길로 마을 슈퍼로 내려가 향을

사오고 모친이 하셨던 대로 집에서 챙겨온 〈법요집〉에서 경전을 찾아 읽기 시작했습니다. 그래서인지 대학을 마치고 나서 출가한 이후로도, 『천수경』과 『금강경』은 누구에게나 그렇듯 가장 친숙한 경이 되었습니다.

그런데 한문 경전을 전문으로 공부하는 강원에서 경의 뜻을 살피며 배우게 되자, 오히려 옛날 뜻도 모른 채 무조건 읽던 시절과 달리 마음이 더 답답해졌습니다. 속으로 언젠가 반드시 『금강경』을 알기 쉽게 번역하겠다는 다짐을 하며, 번역에 앞서 옛 스님들처럼 십만 번은 못 읽어도 최소 3천 번은 읽겠다고 체크하며 완독했습니다. 그러다가 숫자 세는 것도 무의미해져서 헤아리지 않게 되었지만, 어느덧 출가한 지 30년이 훨씬 지나서야 비로소 한글 번역을 시도했습니다.

대승경전 가운데 가장 일찍 성립된 반야부 600권 가운데 제577권에 해당하는 『금강경』은 대한불교조계종의 소의경전所依經典으로, 예로부터 가장 많이 알려져서 이미 수많은 번역서와 해설서들이 출판되어 나왔습니다. 산스끄리뜨 범본을 한문으로 번역한 것만 해도 구마라즙을 비롯해 보리유지·진제·달마급다·현장·

의정 스님이 남긴 6종의 역본이 있으며, 그 한문본을 우리말로 번역한 책들은 헤아리기 어려울 정도입니다. 이렇게 다양한 번역서가 있는데 굳이 새 번역서를 추가하는 것은 어쩌면 부질없는 일이라 나무랄 수도 있을 것입니다. 그렇지만 구마라즙 한문 역본의 이해하기 모호했던 부분들이 범본 번역서들의 도움을 받아 해소된 점은 참으로 감사하지 않을 수가 없습니다.

비록 5년이 넘도록 오랜 기간 번역에 매달리긴 했어도, 지혜가 모자란 탓에 미흡하고 잘못된 부분이 적잖을 것입니다. 앞으로 눈 밝은 분들의 아낌없는 충고와 조언을 기다리며, 부족하나마 이렇게 책이 나오기까지 음으로 양으로 도와주신 모든 인연들에게 깊이 머리 숙여 감사의 절을 올립니다.

불기 2570년(2026년) 2월에
남산토굴에서 혜조 손모음

독송용 한글 금강경

한문·한글 역주 금강경

송경의식誦經儀式

정구업진언(淨口業眞言; 구업을 청정히 하는 진언)

수리수리 마하수리 수수리 사바하 (3번)

오방내외안위제신진언(五方內外安慰諸神眞言; 호법선신들을
편안하게 하는 진언)

나모 사만다 붓다남 옴 도로 도로 지미 사바하 (3번)

개경게(開經偈; 경전을 펴며 찬탄하는 게송)

가장 높고 깊으며 미묘한 법(無上甚深微妙法)

백천만겁토록 만나기 어려워라(百千萬劫難遭遇)

내가 이제 듣고 보고 지니오니(我今聞見得受持)

여래의 진실한 뜻 알기 원합니다(願解如來眞實義)

개법장진언(開法藏眞言; 법장을 여는 진언)

옴 아라남 아라다 (3번)

독송용 한글 금강경

제1 법회가 열린 배경〔法會因由分〕

이와 같이 내가 들었다.

어느 때 부처님께서 사위국의 기원정사(기수급고독원)에서 큰비구 스님들 천이백오십 명과 함께 계셨다. 그때 세존께서는 공양 시간이 되어 가사를 입으시고 발우를 들고 사위성으로 가서 걸식하셨다. 성 안에서 차례대로 걸식을 마치시자 본래 처소로 돌아와 공양하신 뒤, 가사와 발우를 가지런히 정리하시고 발을 씻은 다음 자리를 펴고 앉으셨다.

제2 수보리가 일어나 법을 청하다〔善現起請分〕

그때 덕 높은 장로인 수보리가 대중 속에 있다가 자리에서 일어나 오른쪽 어깨를 드러내고 오른쪽 무릎을 땅에 꿇고는, 두 손 모아 합장하며 공손히 부처님께 여쭈었다.

"참으로 희유하고 경이롭습니다, 세존이시여!

여래께서는 모든 보살들을 잘 보살펴주시며 잘 격려해주십니다.

세존이시여!

선남자 선여인이 위없이 가장 높고 바르며 원만한 최상의 깨달음(아뇩다라삼먁삼보리)을 이루고자 마음먹었다면, 마땅히 어떻게 마음을 머물러 가져야 하며 어떻게 마음을 다스려야 합니까?"

부처님께서 말씀하셨다.

"장하고 장하도다, 수보리여!

그대가 말한 대로 여래는 모든 보살들을 잘 보살펴며 잘 격려해주느니라. 그대는 이제 자세히 듣도록 하라. 마땅히 그대를 위해 설하리라.

선남자 선여인이 위없이 가장 높고 바르며 원만한 최상의 깨달음(아뇩다라삼먁삼보리)을 이루고자 마음먹었다면, 응당 다음과 같이 마음을 머물러 가져야 하며 다음과 같이 마음을 다스려야 하느니라."

"예, 세존이시여! 잘 새겨 듣겠습니다."

제3 대승의 올바른 종지〔大乘正宗分〕

부처님께서 수보리에게 이르시었다.

"모든 보살마하살들은 응당 다음과 같이 그 마음을 다스려야 하느니라. '이른바 살아있는 일체중생 무리들, 혹 알로 태어나는 존재·태로 태어나는 존재·습기로 태어나는 존재·변화로 태어나는 존재·형상이 있는 존재·형상이 없는 존재·생각이 있는 존재·생각이 없는 존재·생각이 있는 것도 아니고 없는 것도 아닌 존재 등을 내가 모두 번뇌의 괴로움이 없는 완전한 열반〔無餘涅槃〕에 들게 하여 제도하겠다'고 마음먹어야 하느니라.

하지만 이렇게 무량무수하게 한없이 많은 중생들을 열반으로 제도했더라도, '열반으로 제도한 중생이 실로 아무도 없다'고 해야 하느니라. 수보리여, 왜냐하면 만일 보살에게 아상·인상·중생상·수자상이 있다면 곧 보살이 아니기 때문이니라."

제4 뛰어난 수행은 머묾이 없다〔妙行無住分〕

"다시 또 수보리여, 보살은 대상에 머무는 바 없이 보시해야 하느니라. 이른바 형상에 머물지 않고 보시하며, 소리·냄새·맛·감촉·의식의 관념에 머물지 않고 보시해야 하느니라.

수보리여, 보살은 응당 이와 같이 보시하되 어떤 분별〔相〕에도 머물지 말아야 하느니라. 왜냐하면 보살이 분별에 머물지 않고 보시한다면, 그 복덕은 생각으로 헤아릴 수 없을 정도로 많기 때문이니라.

수보리여, 어떻게 생각하는가? 동방의 허공 크기를 헤아릴 수 있겠느냐?"

"헤아릴 수 없습니다, 세존이시여!"

"수보리여! 그럼 남방·서방·북방과 네 간방 및 위·아래의 허공 크기를 헤아릴 수 있겠느냐?"

"헤아릴 수 없습니다, 세존이시여!"

독송용 한글 금강경

"수보리여!

보살이 분별에 머물지 않고 보시한 복덕도 또한 그
와 같아서 생각으로 헤아릴 수 없을 정도니라. 수보리
여, 보살은 다만 가르친 바와 같이 응당 머물지 말고
보시하며 살아야 하느니라."

제5 진리 그대로 여래의 참모습을 보라〔如理實見分〕

"수보리여, 어떻게 생각하는가?

몸의 모양으로써 여래를 볼 수 있겠느냐?"

"아닙니다, 세존이시여! 몸의 모양만 가지고 여래를
볼 수는 없습니다. 왜냐하면 여래께서 말씀하신 몸의
모양은 곧 몸의 모양이 아니기 때문입니다."

부처님께서 수보리에게 이르시었다.
"무릇 인연으로 생긴 모양은 전부 다 허망하나니,
보이는 모양과 보이지 않는 것을 함께 본다면 곧 여래
를 보리라."

제6 바른 믿음은 참으로 귀하다〔正信希有分〕

수보리가 부처님께 여쭈었다.

"세존이시여!

과연 중생이 이토록 깊은 말씀을 듣고는 참된 믿음을 낼 수 있겠습니까?"

부처님께서 수보리에게 이르시었다.

"그렇게 함부로 말하지 말아라.

여래가 열반한 뒤 마지막 오백 년 말법 세상에서도 계율을 지키며 복을 닦는 자들은 이 가르침 말씀에 능히 신심을 내어 진실로 여기리라. 마땅히 알라. 그런 사람은 한 분이나 두 분 혹은 셋·넷·다섯 부처님께만 선근을 심은 것이 아니니라. 즉 이미 한량없는 천만 분의 부처님들 처소에서 많은 선근을 심었으므로, 이 가르침 말씀을 듣고는 한 생각 찰나에도 깨끗한 믿음을 낼 것이니라.

수보리여!

여래는 그 모든 중생들이 한량없는 복덕을 얻으리란 것을 전부 알고 다 보느니라. 왜냐하면 그 중생들은 아상·인상·중생상·수자상이 없으며, 뿐만 아니라 법이라는 분별이나 법이 아니라는 분별도 없기 때문이니라. 그 까닭은 중생들이 만일 마음에 분별을 내면 곧 아상·인상·중생상·수자상에 집착하는 것이 되기 때문이니라. 왜냐하면 만일 법이라는 분별을 내더라도 아상·인상·중생상·수자상에 집착하는 것이며, 법이 아니라는 분별을 내더라도 아상·인상·중생상·수자상에 집착하는 것이기 때문이니라.

그러므로 응당 법을 국집하지도 말며, 법 아닌 것에도 국집하지 말아야 하느니라. 이런 의미로 여래는 늘상 말하기를, '너희들 비구는 나의 설법을 뗏목과 같이 여기라'고 일렀던 것이니라. 법도 응당 버려야 하거늘, 하물며 법 아닌 것이야 말해 무엇하겠느냐!"

제7 얻을 수도 없고 설할 수도 없는 법〔無得無說分〕

"수보리여, 어떻게 생각하는가?

여래가 위없이 가장 높고 바르며 원만한 최상의 깨달음(아뇩다라삼먁삼보리)을 얻었느냐?

여래가 설한 법이 있느냐?"

수보리가 대답하였다.

"제가 부처님의 말씀하신 뜻을 이해하기로는, 위없이 가장 높고 바르며 원만한 최상의 깨달음(아뇩다라삼먁삼보리)이라 정해진 법이 따로 있지 않습니다. 또한 여래께서 설하신 정해진 법도 따로 없습니다. 왜냐하면 여래께서 설하신 법은 모두 취할 수 없고 말로 설할 수 없으며, 법도 아니고 법 아닌 것도 아니기 때문입니다. 무슨 까닭인가 하면, 일체 현자와 성인들은 모두 인연의 상대 원리를 초월한 무위법으로써 인연에 따른 여러 차별을 드러내고 있기 때문입니다."

제8 가르침을 의지해 깨닫는다〔依法出生分〕

"수보리여, 어떻게 생각하는가?

어떤 이가 삼천대천세계 온 우주에 금은보화 7가지 보배를 가득 채워 보시한다면, 그가 얻는 복덕이 얼마나 되겠느냐?"

수보리가 대답하였다.

"매우 많겠습니다, 세존이시여! 왜냐하면 그 복덕은

복덕의 본성이 아니기 때문입니다. 그래서 여래께서는 복덕이 많다고 말씀하신 것입니다.”

“그런데 만일 또 어떤 이가 이 가르침을 받아들여 지니고 하다못해 4구절의 게송 하나라도 다른 사람을 위해 일러준다면, 이 복이 저 금은보화 7가지 보배를 보시한 것보다 훨씬 더 많으리라. 어찌하여 그러한가? 수보리여, 일체 모든 부처님들과 부처님의 위없이 가장 높고 바르며 원만한 최상의 깨달음(아뇩다라삼먁삼보리)의 법이 전부 이 가르침에서 나오기 때문이니라. 수보리여, 이른바 불법이라 함은 곧 불법이 아니니라.”

제9 어떤 한 가지 상도 없어야 한다〔一相無相分〕

“수보리여, 어떻게 생각하는가?
수다원이 ‘내가 수다원과를 얻었다’고 생각할 수 있겠느냐?”

수보리가 대답하였다.

"아닙니다, 세존이시여! 왜냐하면 '수다원'이란 '성자의 흐름에 들어간 자'란 말입니다만, 실은 들어간 곳이 없습니다. 즉 형상이나 소리·향기·맛·감촉·의식의 관념에 빠져들지 않아서 '수다원'이라 이름한 것이기 때문입니다."

"수보리여, 어떻게 생각하는가?
사다함이 '내가 사다함과를 얻었다'고 생각할 수 있겠느냐?"

수보리가 대답하였다.
"아닙니다, 세존이시여! 왜냐하면 '사다함'이란 '인간세계에 한 번 돌아올 자'란 말입니다만, 실은 가고 옴도 없어서 '사다함'이라 이름한 것이기 때문입니다."

"수보리여, 어떻게 생각하는가?
아나함이 '내가 아나함과를 얻었다'고 생각할 수 있겠느냐?"

수보리가 대답하였다.

"아닙니다, 세존이시여! 왜냐하면 '아나함'이란 '인간세계에 다시 오지 않을 자'란 말입니다만, 실은 오지 않을 것도 없기에 그러므로 '아나함'이라 이름한 것이기 때문입니다."

"수보리여, 어떻게 생각하는가?

아라한이 '내가 아라한의 경지를 얻었다'고 생각할 수 있겠느냐?"

수보리가 대답하였다.

"아닙니다, 세존이시여! 왜냐하면 실로 '아라한'이라 이름할 어떤 법도 없기 때문입니다. 세존이시여! 만일 아라한이 '내가 아라한의 경지를 얻었다'고 생각한다면, 곧 아상·인상·중생상·수자상에 집착한 것이 됩니다.

세존이시여!

부처님께서는 제가 '다툼 없는 삼매를 얻은 이들 가운데에서 가장 으뜸'이라 하셨으니, 바로 '욕심을 떠난 첫째가는 아라한'이라는 말입니다. 하지만 세존이시여, 저는 스스로 '욕심을 떠난 아라한'이라고 생각하지 않습니다.

세존이시여! 만약 제가 정말로 '아라한의 경지를 얻었다'고 생각했다면, 세존께서 '수보리는 맑고 고요한 삶〔阿蘭那行〕을 즐기는 수행자'라고 말씀하지 않으셨을 것입니다. 그러나 수보리가 실로 그렇게 생각하지 않았기에, '수보리는 맑고 고요한 삶을 즐긴다'고 일컬으신 것입니다."

제10 무엇이 청정한 불국토의 장엄인가?〔莊嚴淨土分〕

부처님께서 수보리에게 이르시었다.

"어떻게 생각하는가?

여래가 옛날 연등불 계신 곳에서 법에 대해 얻은 것이 있느냐?"

"아닙니다, 세존이시여!

여래께서는 연등불 계신 곳에서 실로 법에 대해 얻은 것이 없습니다."

"수보리여, 어떻게 생각하는가?
보살이 부처님 국토를 아름답게 장엄하는 것이냐?"

"아닙니다, 세존이시여! 왜냐하면 부처님 국토를 장
엄한다는 것은 곧 장엄하는 것이 아니지만 장엄한다
고 일컬은 것이기 때문입니다."

"그러므로 수보리여, 모든 보살마하살들은 응당 이
와 같이 청정한 마음을 내어야 하느니라. 곧 형상에 머
물러 마음을 내지 말며, 소리나 향기·맛·감촉·의식
의 관념에 머물러 마음을 내지 말아야 하느니라. 즉 응
당 어디에도 머무는 바 없이 청정하게 그 마음을 내어
야 하느니라.

수보리여, 비유컨대 어떤 사람의 몸이 산들의 왕인
수미산만큼 크다고 하자. 그렇다면 어떻게 생각하는
가? 그 몸이 정말로 큰 것이냐?"

수보리가 대답하였다.
"매우 크옵니다, 세존이시여! 왜냐하면 부처님께서
는 몸이 아님을 말씀하시어 큰 몸이라 일컬으셨기 때

문입니다."

제11 무위법의 수승한 복덕〔無爲福勝分〕

"수보리여!

만일 갠지스강 모래알 수만큼의 무수한 갠지스강들이 있다면, 어떻게 생각하는가? 그 무수한 갠지스강들의 모래알 수는 얼마나 되겠느냐?"

수보리가 대답하였다.

"엄청나게 많겠습니다, 세존이시여!

갠지스강 모래알 수만큼의 갠지스강들만 해도 헤아릴 수 없을 정도로 많을 텐데, 하물며 그 무수한 갠지스강들의 모래알 수들이야 더 말할 나위가 있겠습니까!"

"수보리여, 내 이제 진실한 말로 그대에게 일러주리라. 만일 어떤 선남자 선여인이 그 무수한 갠지스강들 모래알 수만큼의 수많은 삼천대천세계들 온 우주마다 금은보화 7가지 보배들을 가득 채워 보시한다면, 그가 복을 많이 얻겠느냐?"

수보리가 대답하였다.
"아주 많은 복을 얻을 것입니다, 세존이시여!"

부처님께서 수보리에게 이르시었다.
"하지만 선남자 선여인이 이 가르침 가운데에서 하다못해 4구절의 게송 하나라도 받아들여 지니고 다른 사람을 위해 일러준다면, 이 복덕이 앞의 금은보화 7가지 보배들을 보시한 것보다 훨씬 더 많으리라."

제12 바른 가르침을 존중하라〔尊重正教分〕

"다시 또 수보리여!
이 가르침을 능력에 따라 설하되 하다못해 4구절의 게송 하나라도 말해준다면 마땅히 알지니, 이곳은 바로 일체 세상의 하늘천신과 인간 그리고 아수라들이 모두 응당 부처님 탑과 같이 받들어 공양할 것이니라.
하물며 어떤 이가 경전을 전부 받아들여 지니고 독송한다면 그거야 더 말해 무엇하겠느냐! 수보리여, 그 사람은 마땅히 최상의 제일 으뜸가는 희유한 법을 성취할 것임을 알아야 하느니라.

이 경전 법문이 있는 곳은 곧 부처님이 계신 곳이며, 존경받는 제자들이 있는 곳과 마찬가지니라."

제13 법답게 받아 지니는 방법〔如法受持分〕

그때 수보리가 부처님께 여쭈었다.

"세존이시여!

이 가르침을 마땅히 무엇이라 부르며, 저희들이 어떻게 받들어 지녀야 합니까?"

부처님께서 수보리에게 이르시었다.

"이 가르침은 〈금강반야바라밀경〉이라 부르니, 이 이름으로 너희들은 마땅히 잘 받들어 지니도록 하라. 무슨 까닭인가? 수보리여, 붓다는 반야바라밀이 곧 반야바라밀이 아님을 말하여 반야바라밀이라 일컬은 것이기 때문이니라.

수보리여, 어떻게 생각하는가?

여래가 설한 법이 있느냐?"

수보리가 부처님께 사뢰었다.
"세존이시여, 여래께서는 설하신 바가 없습니다."

"수보리여, 어떻게 생각하는가?
삼천대천세계 온 우주에 있는 먼지 티끌들이 많겠
느냐?"

수보리가 대답하였다.
"매우 많습니다, 세존이시여!"

"수보리여! 그 모든 먼지 티끌들을 여래는 먼지 티
끌들이 아님을 말하여 먼지 티끌들이라 일컬었느니
라. 여래는 세계도 세계가 아님을 말하여 세계라 이름
하였느니라.
수보리여, 어떻게 생각하는가?
32가지 거룩한 상호로써 여래를 볼 수 있겠느냐?"

"아닙니다, 세존이시여!
32가지 거룩한 상호만 가지고 여래를 볼 수는 없습
니다. 왜냐하면 여래께서는 32가지 거룩한 상호란 곧

상호가 아님을 말씀하시어, 32가지 거룩한 상호라 일
컬으셨기 때문입니다.”

“수보리여!

만일 어떤 선남자 선여인이 갠지스강 모래알 수만
큼이나 수만 번 자기 목숨을 바쳐 보시했다고 하자. 그
런데 또 어떤 이가 이 가르침 가운데에서 하다못해 4
구절의 게송 하나라도 받아들여 지니고 다른 사람을
위해 일러준다면, 이 복이 수만 번 자기 목숨을 바쳐
보시한 것보다도 훨씬 더 많으리라.”

제14 분별을 떠난 절대 고요의 열반〔離相寂滅分〕

그때 수보리가 이 가르침을 듣고 나서 뜻을 깊이 이해
하고 감격하여 눈물을 흘리며 부처님께 사뢰었다.

“참으로 희유하고 경이롭습니다, 세존이시여!

부처님께서 이렇게 깊고 깊은 경전을 설해주시니,
제가 예전에 얻었던 지혜의 눈으로는 일찍이 이처럼
심오한 가르침을 들어본 적이 없었습니다.

세존이시여!

만일 또 어떤 이가 이 가르침을 듣고 청정한 믿음을 낸다면 곧 참다운 실상을 깨닫게 되리니, 마땅히 그 사람은 가장 희유한 공덕을 성취할 것임을 알겠나이다. 세존이시여! 그 참다운 실상이란 곧 참다운 실상이 아니기에, 그러므로 여래께서 '참다운 실상'이라 일컬어 말씀하신 것입니다.

세존이시여!

제가 지금 이와 같은 경전 법문을 듣고서 믿고 이해하며 받아들여 지니기는 그리 어렵지 않습니다. 그렇지만 앞으로 미래 세상에 세존께서 열반하신 뒤 마지막 오백 년 말법 시대에 어떤 중생이 이 가르침을 듣고는 믿고 이해하며 받아들여 지닌다면, 그 사람이야말로 제일 뛰어나게 희유한 자가 될 것입니다. 왜냐하면 그 사람에게는 아상도 없고 인상도 없으며, 중생상도 없고 수자상도 없을 것이기 때문입니다. 무슨 이유인가 하면 아상은 곧 상相이 아니며, 인상·중생상·수자상도 상相이 아닌 까닭입니다. 왜냐하면 일체 모든 분별[相]을 떠난 이를 곧 '부처님'이라 일컫기 때문입니다."

부처님께서 수보리에게 이르시었다.

"그래그래, 맞도다! 만일 또 어떤 이가 이 가르침을 듣고서 놀라거나 겁내지 않고 두려워하지 않는다면, 그 사람은 참으로 뛰어나게 희유한 자인 줄 알아야 하느니라. 무슨 까닭인가? 수보리여! 여래는 최고의 제일바라밀이 곧 최고의 제일바라밀이 아님을 말하여, 최고의 제일바라밀이라 일컬었기 때문이니라.

수보리여, 인욕바라밀도 여래는 인욕바라밀이 아니라 말하였느니라. 왜 그러한가? 수보리여! 내가 먼 옛날 가리왕에게 몸뚱이가 베이고 잘려졌던 적과 같아서, 나는 그때도 아상이 없었고 인상도 없었으며 중생상도 없었고 수자상도 없었던 까닭이니라. 왜냐하면 내가 옛날 팔다리가 마디마디 잘려나갈 때 아상·인상·중생상·수자상이 있었더라면, 당연히 성내고 원망하는 마음을 품었을 것이기 때문이니라. 수보리여! 또 돌이켜보건대 여래는 과거에도 오백 생 동안이나 인욕하는 수행자였었는데, 그 당시에도 아상이 없었고 인상도 없었으며 중생상도 없었고 수자상도 없었느니라.

그러므로 수보리여! 보살은 마땅히 일체 모든 분별

[相]을 여의고, 위없이 가장 높고 바르며 원만한 최상의 깨달음(아뇩다라삼먁삼보리)을 이루고자 마음먹어야 하느니라. 곧 형상에 머물러 마음을 내지 말며, 소리나 향기·맛·감촉·의식의 관념에 머물러 마음을 내지 말아야 하느니라. 응당 어디에도 머무는 바 없이 마음을 내어야 하느니라. 만일 마음이 어디에 머물러 있다면 곧 머물지 않도록 해야 하느니라. 그래서 붓다가 말하기를, '보살은 마음으로 응당 형상에 머물지 말고 보시해야 한다'고 했던 것이니라.

수보리여! 보살은 일체중생을 이롭게 하기 위해서 응당 이와 같이 보시해야 하느니라. 여래는 일체 모든 모양(생각 또는 관념)이 곧 모양(생각 또는 관념)이 아니며, 또 일체중생도 곧 중생이 아니라 설하였느니라.

수보리여!

여래는 바로 참된 말을 하는 자이며, 진실을 말하는 자이고, 있는 그대로 말하는 자이니라. 즉 속이는 말을 하지 않는 자이고, 거짓을 말하지 않는 자이니라.

수보리여!

여래가 얻은 법, 이 법에는 참됨도 없고 허망함도 없느니라.

수보리여! 만일 보살이 마음으로 대상에 머물러 보시한다면, 마치 어두운 곳에 들어간 사람이 아무것도 보지 못하는 것과 같으니라. 반면에 보살이 마음으로 대상에 머물지 않고 보시한다면, 눈 있는 사람이 햇살이 밝게 비추자 갖가지 모습들을 환히 보는 것과 같으니라.

수보리여!

앞으로 미래 세상에 어떤 선남자 선여인이 능히 이 가르침을 받아들여 지니고 독송한다면, 여래는 붓다의 지혜로써 그 사람들을 전부 알고 다 보리니 모두 한량없고 끝없는 공덕을 성취하리라.”

제15 경전을 받아 지니는 공덕〔持經功德分〕

“수보리여!

어떤 선남자 선여인이 아침나절에 갠지스강의 모래알 수만큼이나 수만 번 목숨을 바쳐 보시하고, 또 점심나절에도 갠지스강의 모래알 수만큼이나 수만 번 목숨을 바쳐 보시하며, 저녁나절에도 역시 갠지스강의 모래알 수만큼이나 수만 번 목숨을 바쳐 보시했다고 하자. 그렇게 해서 자그마치 무량 백천만억 겁의 무수한 세월 동안 목숨을 바쳐 보시했다고 하자. 그렇더라도 만약 또 어떤 이가 이 경전 법문을 듣고 믿는 마음으로 비방하지 않는다면, 이 복이 저 수만 번 목숨을 바쳐 보시한 것보다 훨씬 더 많으리라. 그런데 하물며 경전을 직접 베껴 써서 받아들여 지니고 독송하며 남을 위해 해설해주는 복이야 더 말할 나위가 있겠느냐!

수보리여! 요약해서 말하자면, 이 가르침에는 생각으로 헤아릴 수 없고 측량할 수 없을 만큼 한없이 큰 공덕이 있느니라. 여래는 대승의 마음을 낸 사람들을 위해 이 가르침을 설했으며, 최상승의 진리를 닦는 자들을 위해 이 법문을 설하는 것이니라.

만일 어떤 이가 능히 이 가르침을 받아들여 지니고 독송하며 널리 남을 위해 설명해준다면, 여래는 그 사람들을 전부 알고 다 보니 모두 헤아릴 수 없고 측량할 수 없을 정도로 가없는 불가사의한 공덕을 성취할 것이니라. 그와 같은 사람들은 곧 여래의 위없이 가장 높고 바르며 원만한 최상의 깨달음(아뇩다라삼먁삼보리)을 감당하여 얻게 되리라. 무슨 까닭인가? 수보리여! 예컨대 신심이 부족한 자들은 아견·인견·중생견·수자견에 집착하므로, 이 가르침을 듣고 받아들여 독송하며 남을 위해 해설해줄 수가 없기 때문이니라.

수보리여!

어디든 이 가르침이 전해지는 곳이 있다면 일체 모든 세계의 하늘천신과 인간·아수라들이 응당 공양하리라. 마땅히 그곳이 곧 탑을 모신 곳임을 알고, 모두 공경히 예배하며 주변을 돌고 그곳에 여러 꽃과 향을 흩뿌려 공양할 것이니라."

제16 업장을 깨끗이 맑히다〔能淨業障分〕

"다시 또 수보리여!

선남자 선여인이 이 가르침을 받아들여 지니고 독송하는데도 남들에게 업신여김을 받는다면, 이는 그가 전생에 지었던 죄업 때문이니라. 즉 마땅히 악도에 떨어져야 될 만한 업이지만, 금생에 남들의 천대를 받음으로써 전생의 죄업이 소멸되고 반드시 아뇩다라삼먁삼보리를 얻을 것이니라.

수보리여!

내가 과거 한량없는 아승기 겁의 오랜 세월들을 돌

이켜 생각해보니, 연등불을 만나기 이전에도 무려 팔백사천만억 나유타의 무수한 부처님들을 뵙고는 전부 다 지극히 공양하고 받들어 섬기며 그냥 헛되이 보내지 않았었느니라. 그렇지만 만일 또 어떤 사람이 뒷날 말법 세상에 이 가르침을 받아들여 지니고 독송한다면, 그가 얻게 될 공덕에 비해 내가 여러 부처님들께 공양 올린 공덕은 백 분의 일도 되지 않느니라. 뿐만 아니라 천만억 분의 일도 되지 못하고, 심지어 어떤 숫자나 비유로도 능히 비교가 안 되느니라.

수보리여!

만일 선남자 선여인이 뒷날 말법 세상에 이 가르침을 받아들여 지니고 독송하여 얻게 될 공덕을 내가 전부 상세히 말한다면, 혹 어떤 이는 듣고서 마음이 혼란스러워 의심 많은 여우처럼 믿지 않으리라. 수보리여, 마땅히 알라! 이 가르침의 뜻은 하도 깊어서 생각으로 헤아릴 수 없으며, 과보도 역시 생각으로 헤아릴 수 없을 정도로 불가사의하니라.”

제17 궁극의 경지인 무아〔究竟無我分〕

그때 수보리가 부처님께 여쭈었다.

"세존이시여!

선남자 선여인이 위없이 가장 높고 바르며 원만한 최상의 깨달음(아뇩다라삼먁삼보리)을 이루고자 마음을 내었으면, 마땅히 어떻게 마음을 머물러 가져야 하며 어떻게 마음을 다스려야 합니까?"

부처님께서 수보리에게 이르시었다.

"만일 선남자 선여인이 위없이 가장 높고 바르며 원만한 최상의 깨달음(아뇩다라삼먁삼보리)을 이루고자 마음먹었다면, '내 응당 일체 모든 중생들을 열반으로 제도하리라'고 이렇게 마음을 내어야 하느니라. 그리고 일체 모든 중생들을 열반으로 제도한 다음에는 '실로 한 중생도 열반으로 제도한 이가 없다'고 해야 하느니라. 수보리여, 왜냐하면 만일 보살이 아상·인상·중생상·수자상이 있다면 곧 보살이 아니기 때문이니라. 무슨 까닭인가? 수보리여, 실로 위없이 가장 높고 바르며 원만한 최상의 깨달음(아뇩다라삼먁삼보리)을 이루고자 마음을 낼 법이 따로 없기 때문이니라.

수보리여, 어떻게 생각하는가? 여래가 연등불 회상에서 위없이 가장 높고 바르며 원만한 최상의 깨달음(아뇩다라삼먁삼보리)을 얻은 법이 있느냐?"

"아닙니다, 세존이시여!

제가 부처님의 말씀하신 뜻을 이해하기로는, 부처님은 연등불 회상에서 위없이 가장 높고 바르며 원만한 최상의 깨달음(아뇩다라삼먁삼보리)을 얻으신 법이 없습니다."

부처님께서 말씀하셨다.

"그래그래, 수보리여! 실로 여래가 위없이 가장 높고 바르며 원만한 최상의 깨달음(아뇩다라삼먁삼보리)을 얻은 어떤 법도 없느니라.

수보리여!

만일 여래가 위없이 가장 높고 바르며 원만한 최상의 깨달음(아뇩다라삼먁삼보리)을 얻은 법이 있었다면, 연등불께서 '그대는 미래 세상에 마땅히 부처가 되어 석가모니불이 되리라'며 나에게 수기를 주시지 않았을 것이니라. 그러나 실로 위없이 가장 높고 바르며 원만한 최상의 깨달음(아뇩다라삼먁삼보리)을 얻은 어떤 법도 없었기 때문에, 연등불께서 '그대는 미래 세상에 마땅히 부처가 되어 석가모니불이 되리라'며 나에게 수기를 주셨던 것이니라. 왜냐하면 '여래如來'라 함은 곧 '모든 법 그대로 진여眞如'의 뜻이기 때문이니라.

그런데 혹 어떤 이는 '여래가 위없이 가장 높고 바르며 원만한 최상의 깨달음(아뇩다라삼먁삼보리)을 얻었다'고 말하기도 하리라. 그러나 수보리여, 붓다가 위없이 가장 높고 바르며 원만한 최상의 깨달음(아뇩다라삼먁삼보리)을 얻은 법이 실로 없느니라.

수보리여!

여래가 얻은 위없이 가장 높고 바르며 원만한 최상의 깨달음(아뇩다라삼먁삼보리)에는 참됨도 없고 허망함도 없느니라. 그러므로 여래는 '일체법 그대로가 다 불법'이라 설했느니라. 수보리여! 이른바 일체법이란 곧 일체법이 아니어서, 그러므로 일체법이라 일컬은 것이니라. 수보리여, 비유하자면 사람의 몸이 크고 위대하다고 한 경우와 같으니라."

수보리가 대답하였다.

"세존이시여!

여래께서 사람의 몸이 크고 위대하다는 것은 곧 크고 위대한 몸이 아님을 말씀하시어, 크고 위대한 몸이라 일컬으신 것이옵니다."

"수보리여! 보살도 또한 그와 같아서 '내가 마땅히 한량없는 중생들을 제도하겠다'고 한다면 곧 보살이라 부르지 못하느니라. 수보리여, 왜냐하면 보살이라 이름할 어떤 법도 실로 없기 때문이니라. 그러므로 붓다는 '일체법에 아상도 없고 인상도 없으며 중생상도 없고 수자상도 없다'고 말한 것이니라.

수보리여!

만일 보살이 '내가 마땅히 불국토를 장엄하겠다'고 한다면 그도 보살이라 부르지 못하느니라. 왜냐하면 여래가 불국토를 장엄한다는 것은 곧 장엄하는 것이 아님을 말하여, 장엄한다고 일컬은 것이기 때문이니라.

수보리여! 만일 보살이 무아의 이치를 확실히 통달한다면, 여래는 그를 '진정한 보살'이라 부르느니라."

제18 온갖 것을 하나로 꿰뚫어 보다 [一體同觀分]

"수보리여, 어떻게 생각하는가?
여래에게 육안이 있느냐?"

"그렇습니다, 세존이시여!
여래에게 육신의 눈 [肉眼]이 있습니다."

"수보리여, 어떻게 생각하는가?
여래에게 천안이 있느냐?"

"그렇습니다, 세존이시여!
여래에게 하늘의 눈 [天眼]이 있습니다."

"수보리여, 어떻게 생각하는가?
여래에게 혜안이 있느냐?"

"그렇습니다, 세존이시여!
여래에게 지혜의 눈 [慧眼]이 있습니다."

"수보리여, 어떻게 생각하는가?
여래에게 법안이 있느냐?"

"그렇습니다, 세존이시여!
여래에게 진리의 눈〔法眼〕이 있습니다."

"수보리여, 어떻게 생각하는가?
여래에게 불안이 있느냐?"

"그렇습니다, 세존이시여!
여래에게 깨달음의 눈〔佛眼〕이 있습니다."

"수보리여, 어떻게 생각하는가?
저 갠지스강의 모래알에 대해 붓다가 말한 적이 있
느냐?"

"그렇습니다, 세존이시여!
여래께서는 그 모래알에 대해 말씀하셨습니다."

"수보리여, 어떻게 생각하는가?

하나의 갠지스강에 있는 모래알 수만큼의 무수한 갠지스강들이 있다고 하자. 그리고 그 무수한 갠지스강들에 있는 모래알 수만큼의 수많은 부처님 세계들이 있다면, 그 세계들은 얼마나 되겠느냐?"

"엄청나게 많겠습니다, 세존이시여!"

부처님께서 수보리에게 이르시었다.
"그 많고 많은 세계 국토에 있는 중생들의 갖가지 마음을 여래는 다 알고 있느니라. 왜냐하면 여래는 갖가지 마음들이 모두 다 마음이 아님을 말하여 마음이라 일컫은 것이기 때문이니라. 무슨 까닭인가? 수보리여! 이를테면 과거의 마음도 얻을 수 없고, 현재의 마음도 얻을 수 없으며, 미래의 마음도 얻을 수 없기 때문이니라."

제19 법계를 두루 교화하다〔法界通化分〕

"수보리여, 어떻게 생각하는가?
어떤 이가 삼천대천세계 온 우주에 금은보화 7가지

보배를 가득 채워 보시한다면, 그 사람은 그렇게 보시한 인연으로 복을 많이 얻겠느냐?"

"예, 세존이시여!
그 사람은 그렇게 보시한 인연으로 매우 많은 복을 얻을 것입니다."

"수보리여!
만일 복덕이 실로 있는 것이라면, 여래가 '복덕을 많이 얻는다'고 말하지 않았을 것이니라. 하지만 복덕이 (한정이) 없기 때문에, 여래는 '복덕을 많이 얻는다'고 말한 것이니라."

제20 형상과 모양을 떠나 여래를 보라 〔離色離相分〕

"수보리여, 어떻게 생각하는가?
붓다를 원만하게 잘생긴 형상으로써 볼 수 있겠느냐?"

"아닙니다, 세존이시여!

여래를 원만하게 잘생긴 형상만 가지고 볼 수는 없습니다. 왜냐하면 여래께서 원만하게 잘생긴 형상은 곧 원만하게 잘생긴 형상이 아님을 말씀하시어, 원만하게 잘생긴 형상이라 일컬으셨기 때문입니다."

"수보리여, 어떻게 생각하는가?
여래를 (32가지) 거룩한 상호를 갖춘 것으로써 볼 수 있겠느냐?"

"아닙니다, 세존이시여! 여래를 거룩한 상호를 갖춘 것만 가지고 볼 수는 없습니다. 왜냐하면 여래께서 거룩한 상호를 갖춘 것은 곧 거룩한 상호를 갖춘 것이 아님을 말씀하시어, 거룩한 상호를 갖춘 것이라 일컬으셨기 때문입니다."

제21 설해도 설한 것이 아니다〔非說所說分〕

"수보리여! 그대는 여래가 생각하기를, '내가 설한 법이 있다'고 여길 것이라 이르지 말라. 그런 생각을 하지 말지니라. 왜냐하면 누군가 '여래께서 설하신 법이 있다'고 말한다면 곧 부처님을 비방하는 셈이 되나니, 내가 말한 뜻을 제대로 이해하지 못했기 때문이니라.

　수보리여, 설법이란 가히 설할 법이 없음을 '설법'이라 일컫는 것이니라."

　그때 혜명 수보리가 부처님께 여쭈었다.

"세존이시여!

　과연 중생이 먼 미래 세상에 이 법을 듣고 신심을 낼 수나 있겠습니까?"

　부처님께서 말씀하셨다.

"수보리여, 그들은 중생이 아니며 중생이 아닌 것도 아니니라. 왜 그러한가? 수보리여! 중생 중생이라 함도 여래는 중생이 아님을 말하여, 중생이라 일컫은 것이기 때문이니라."

제22 얻을 수 없는 법〔無法可得分〕

수보리가 부처님께 여쭈었다.

"세존이시여!

부처님께서 위없이 가장 높고 바르며 원만한 최상
의 깨달음(아뇩다라삼먁삼보리)을 얻으심은 얻은 게 없
다는 것입니까?"

부처님께서 말씀하셨다.
"그래그래, 수보리여!
내가 위없이 가장 높고 바르며 원만한 최상의 깨달
음(아뇩다라삼먁삼보리)에서 얻었다 할 만한 어떤 작은
법도 없기에, 위없이 가장 높고 바르며 원만한 최상의
깨달음(아뇩다라삼먁삼보리)이라 일컫는 것이니라."

제23 맑게 텅 빈 마음으로 선법을 닦으라〔淨心行善分〕

"다시 또 수보리여!
이 법은 평등하여 높고 낮음이 없어서, 위없이 가
장 높고 바르며 원만한 최상의 깨달음(아뇩다라삼먁삼
보리)이라 일컫느니라. 즉 아상·인상·중생상·수자상
없이 텅 빈 마음으로 일체 선법을 닦는다면, 곧 위없이
가장 높고 바르며 원만한 최상의 깨달음(아뇩다라삼먁
삼보리)을 얻으리라. 수보리여! 이른바 선법이란 것도

여래는 곧 선법이 아님을 말하여 선법이라 일컬은 것이니라."

제24 복과 지혜는 비교가 안 된다〔福智無比分〕

"수보리여!

만일 삼천대천세계 온 우주 가운데 산들의 왕인 커다란 수미산들을 합친 양만큼의 엄청난 금은보화 7가지 보배 무더기를 가지고 누군가 보시했다 하자. 그런데 어떤 사람은 이 반야바라밀경에서 하다못해 4구절의 게송 하나라도 받아들여 지니고 독송하며 다른 사람을 위해 일러준다면, 이 복덕에 비해 앞서 보배를 보시한 복덕은 백분의 일도 되지 않느니라. 뿐만 아니라 백천만억분의 일도 되지 못하고, 심지어 어떤 숫자나 비유로도 능히 비교가 안 되느니라."

제25 교화하되 교화된 자가 없다〔化無所化分〕

"수보리여, 어떻게 생각하는가?

그대들은 혹여 여래가 '내 마땅히 중생을 제도했도

다' 여길 것이라 말하지 말라. 수보리여, 그렇게 생각해서는 안 되느니라. 왜냐하면 여래가 제도한 중생이 실로 없기 때문이니라. 만약 여래가 제도한 중생이 있다고 한다면, 여래에게도 곧 아상·인상·중생상·수자상이 있는 셈이니라.

수보리여!

여래가 자아가 있다고 말한 것은 곧 자아가 있다는 뜻이 아닌데, 어리석은 범부들은 그것으로써 자아가 있다고 여기느니라. 수보리여! 어리석은 범부라 함도 여래는 어리석은 범부가 아님을 말하여 어리석은 범부라 일컫은 것이니라."

제26 여래의 참모습은 모양이 아니다〔法身非相分〕

"수보리여, 어떻게 생각하는가?

32가지 거룩한 상호로써 여래를 볼 수 있겠느냐?"

수보리가 대답하였다.

"예, 그렇습니다. 32가지 거룩한 상호로써 여래를 볼 수 있습니다."

부처님께서 말씀하셨다.

"수보리여! 만일 32가지 거룩한 상호만 가지고 여래라 본다면, 전륜성왕도 곧 여래이겠구나."

수보리가 부처님께 사뢰었다.

"세존이시여!

제가 부처님의 말씀하신 뜻을 이해하기로는, 32가지 거룩한 상호만 가지고 여래라 볼 수 없겠습니다."

그때 세존께서 게송으로 말씀하셨다.

"만약 형상으로써 여래를 보려 하거나
음성으로써 여래를 구하려 한다면,
이는 삿된 도를 닦는 것이니
능히 여래를 볼 수 없으리라!"

제27 깨달음(열반)은 단멸의 뜻이 아니다〔無斷無滅分〕

"수보리여!

그대는 혹 '여래가 좋은 상호를 훌륭하게 갖추었기

때문에, 가장 높고 바르며 원만한 최상의 깨달음(아뇩
다라삼먁삼보리)을 얻은 게 아닌가'라고 생각하는가?
수보리여, 절대 그렇게 생각하지 말라! 여래가 좋은
상호를 훌륭하게 갖추었기 때문에, 위없이 가장 높고
바르며 원만한 최상의 깨달음(아뇩다라삼먁삼보리)을
얻은 것이 아니니라.

수보리여!

그대가 혹 '가장 높고 바르며 원만한 최상의 깨달음
(아뇩다라삼먁삼보리)을 이루고자 마음먹은 자는 모든
것이 단절되고 소멸되어 아주 없음을 주장한다'고 생
각한다면, 절대 그렇게 생각해서도 안 되느니라. 왜냐
하면 가장 높고 바르며 원만한 최상의 깨달음(아뇩다
라삼먁삼보리)을 이루고자 마음먹은 자는 어떤 것이 단
절되고 소멸되어 아주 없는 모양도 주장하지 않기 때
문이니라."

제28 공덕을 받지도 탐내지도 않는다〔不受不貪分〕

"수보리여!

만일 어떤 보살이 갠지스강 모래알 수만큼이나 한

량없이 많은 세계들에 금은보화 7가지 보배를 가득 채워 보시한다고 하자. 그런데 또 어떤 이가 일체법이 무아임을 알고 참다운 인욕을 성취한다면, 이 보살은 앞서 금은보화 7가지 보배를 보시한 보살의 공덕보다도 훨씬 더 뛰어난 공덕을 얻으리라.

무슨 까닭인가? 수보리여, 그 보살들은 복덕을 받지 않기 때문이니라."

수보리가 부처님께 여쭈었다.

"세존이시여, 어찌하여 보살이 복덕을 받지 않는다는 것입니까?"

"수보리여!

보살은 지은 복덕에 응당 탐내거나 집착하지 않기에, 그러므로 '복덕을 받지 않는다'고 한 것이니라."

제29 부처님 위의는 본래 고요하다〔威儀寂靜分〕

"수보리여!

어떤 사람이 '여래는 오기도 하고 가기도 하며 앉기

도 하고 눕기도 한다'고 말한다면, 그 사람은 내가 말한 뜻을 제대로 이해하지 못한 것이니라. 왜냐하면 여래란 어디로부터 오는 것도 아니고 가는 것도 아니기 때문이니, 그래서 '여래'라고 일컫는 것이니라."

제30 에너지의 한 덩어리 형태라는 생각〔一合理相分〕

"수보리여! 만일 선남자 선여인이 삼천대천세계 온 우주를 부수어 먼지 티끌로 만들었다면, 어떻게 생각하는가? 그 먼지 티끌들이 얼마나 되겠느냐?"

"매우 많겠습니다, 세존이시여! 왜냐하면 그 먼지 티끌들이 실제로 있는 것이라면, 부처님께서는 먼지 티끌들이라 말씀하시지 않았을 것이기 때문입니다. 무슨 까닭인가 하면 부처님께서 먼지 티끌들은 곧 먼지 티끌들이 아님을 말씀하시어, 먼지 티끌들이라 일컬으셨기 때문입니다.

세존이시여!

여래께서 설하신 삼천대천세계도 곧 세계가 아니지만 세계라 이름하셨습니다. 왜냐하면 세계가 실제로 있는 것이라면 곧 에너지의 한 덩어리 형태일 것입니다. 그러나 여래께서는 에너지의 한 덩어리 형태도 곧 에너지의 한 덩어리 형태가 아님을 말씀하시어, 에너지의 한 덩어리 형태라 일컬으셨기 때문입니다."

"수보리여!
에너지의 한 덩어리 형태란 것은 곧 말로 설할 수 없는 것이거늘, 다만 어리석은 범부들이 그것을 탐내고 집착하느니라."

제31 중생 소견을 내지 말라[知見不生分]

"수보리여!
만일 누군가 '부처님께서도 아견·인견·중생견·수자견을 말씀하셨다'고 한다면, 수보리여! 어떻게 생각하는가? 그 사람은 내가 말한 뜻을 바로 이해한 것이냐?"

"아닙니다, 세존이시여! 그 사람은 여래께서 말씀하신 뜻을 제대로 알지 못했습니다. 왜냐하면 세존께서는 아견·인견·중생견·수자견이 곧 아견·인견·중생견·수자견이 아님을 말씀하시어, 아견·인견·중생견·수자견이라 일컬으셨기 때문입니다."

"수보리여!
위없이 가장 높고 바르며 원만한 최상의 깨달음(아뇩다라삼먁삼보리)을 이루고자 마음먹은 사람은, 일체 모든 법에 대하여 응당 이와 같이 바로 알고 바로 보며 바로 믿고 이해하여 법상을 내지 말아야 하느니라. 수보리여! 이른바 법상이란 것도 여래는 곧 법상이 아님을 말하여 법상이라 일컬은 것이니라."

제32 인연 조건에 따른 것은 참되지 않다〔應化非眞分〕

"수보리여!
만일 누군가 한량없는 아승기의 수많은 세계들에 금은보화 7가지 보배를 가득 채워 보시한다고 하자. 또 어떤 선남자 선여인은 보살의 마음을 내어 이 가르침을 지니되 하다못해 4구절의 게송 하나라도 받아들여 지니고 독송하며 남을 위해 잘 가르쳐준다면, 이 사람의 복이 저 보배를 보시한 것보다 훨씬 더 많으리라.

그러면 어떻게 남을 위해 잘 가르쳐줄 것인가?

가르친다는 분별(相)없이 법답게 한결같이 할지니, 무슨 까닭인가?

인연의 상호작용으로 이뤄진 모든 존재 현상은
꿈이나 환영과 같으며 물거품이나 그림자 같고
이슬방울 같으며 또 번갯불과 같나니,
이처럼 허망한 줄을 자세히 잘 살펴야 하느니라."

부처님께서 이 가르침을 설하시고 나자, 덕 높은 장로인 수보리와 여러 비구(출가남성수도자)·비구니(출가여성수도자)·우바새(재가남성신도)·우바이(재가여성신도)들과 일체 세상의 하늘천신과 인간 그리고 아수라들이 부처님 말씀을 듣고는 모두 크게 환희하며 믿고 받아들여 봉행하였다.

한문·한글 역주 금강경

한역: 구마라즙

한글: 혜조

법회인유분 제일
法會因由分 第一

여시아문 일시불 재사위국 기수급고독원 여대비
如是我聞 一時佛 在舍衛國 祇樹給孤獨園 與大比

구중 천이백오십인구 이시 세존 식시 착의지발 입
丘衆 千二百五十人俱 爾時 世尊 食時 着衣持鉢 入

사위대성걸식 어기성중 차제걸이 환지본처 반사
舍衛大城乞食 於其城中 次第乞已 還至本處 飯食

흘 수의발 세족이 부좌이좌
訖 收衣鉢 洗足已 敷座而坐

제1 법회가 열린 배경[法會因由分]

이와 같이 내가 들었다.

어느 때 부처님께서 사위국의 기원정사(기수급고독
원)에서 큰비구 스님들 천이백오십 명과 함께 계셨다.
그때 세존께서는 공양 시간이 되어 가사를 입으시고 발
우를 들고 사위성으로 가서 걸식하셨다. 성 안에서 차
례대로 걸식을 마치시자 본래 처소로 돌아와 공양하신
뒤, 가사와 발우를 가지런히 정리하시고 발을 씻은 다

음 자리를 펴고 앉으셨다.

선현기청분 제이
善現起請分 第二

시 장로수보리 재대중중 즉종좌기 편단우견 우슬
時 長老須菩提 在大衆中 卽從座起 偏袒右肩 右膝

착지 합장공경 이백불언 희유세존 여래선호념제
着地 合掌恭敬 而白佛言 希有世尊 如來善護念諸

보살 선부촉제보살 세존 선남자선여인 발아뇩다
菩薩 善付囑諸菩薩 世尊 善男子善女人 發阿耨多

라삼먁삼보리심 응운하주 운하항복기심
羅三藐三菩提心 應云何住 云何降伏其心

불언 선재선재 수보리 여여소설 여래 선호념제보
佛言 善哉善哉 須菩提 如汝所說 如來 善護念諸菩

살 선부촉제보살 여금제청 당위여설 선남자선여인
薩 善付囑諸菩薩 汝今諦聽 當爲汝說 善男子善女人

발아뇩다라삼먁삼보리심 응여시주 여시항복기심
發阿耨多羅三藐三菩提心 應如是住 如是降伏其心

유연세존 원요욕문
唯然世尊 願樂欲聞

한문·한글 역주 금강경

제2 수보리가 일어나 법을 청하다[善現[1]起請分]

그때 덕 높은 장로[2]인 수보리가 대중 속에 있다가 자리
에서 일어나 오른쪽 어깨를 드러내고 오른쪽 무릎을 땅
에 꿇고는, 두 손 모아 합장하며 공손히 부처님께 여쭈
었다.

"참으로 희유하고 경이롭습니다, 세존이시여!

여래께서는 모든 보살들을 잘 보살펴주시며 잘 격려
해주십니다.

세존이시여!

선남자 선여인이 위없이 가장 높고 바르며 원만한 최
상의 깨달음(아뇩다라삼먁삼보리)을 이루고자 마음먹었
다면, 마땅히 어떻게 마음을 머물러 가져야 하며 어떻
게 마음을 다스려야 합니까?"

---

1   선현善現: 수보리 존자를 지칭하는 한문식 별호別號.

2   장로長老: 글자대로 하면 '나이 많은 스님'이란 말이지만, '진리를 깨달
    아 지혜와 덕이 높은 어른스님' 뜻으로 아라한과를 성취한 도인을 지
    칭함.

부처님께서 말씀하셨다.

"장하고 장하도다, 수보리여!

그대가 말한 대로 여래는 모든 보살들을 잘 보살피며 잘 격려해주느니라. 그대는 이제 자세히 듣도록 하라. 마땅히 그대를 위해 설하리라.

선남자 선여인이 위없이 가장 높고 바르며 원만한 최상의 깨달음(아뇩다라삼먁삼보리)을 이루고자 마음먹었다면, 응당 다음과 같이 마음을 머물러 가져야 하며 다음과 같이 마음을 다스려야 하느니라."

"예, 세존이시여! 잘 새겨 듣겠습니다."

대승정종분 제삼
大乘正宗分 第三

불고수보리 제보살마하살 응여시항복기심 소유일
佛告須菩提 諸菩薩摩訶薩 應如是降伏其心 所有一

체중생지류 약란생 약태생 약습생 약화생 약유색
切衆生之類 若卵生 若胎生 若濕生 若化生 若有色

약무색 약유상 약무상 약비유상비무상 아개영입
若無色 若有想 若無想 若非有想非無想 我皆令入

무여열반 이멸도지 여시멸도무량무수무변중생 실
無餘涅槃 而滅度之 如是滅度無量無數無邊衆生 實

무중생득멸도자 하이고 수보리 약보살 유아상인
無衆生得滅度者 何以故 須菩提 若菩薩 有我相人

상중생상수자상 즉비보살
相衆生相壽者相 卽非菩薩

제3 대승의 올바른 종지[大乘正宗分]

부처님께서 수보리에게 이르시었다.

"모든 보살마하살들은 응당 다음과 같이 그 마음을
다스려야 하느니라. '이른바 살아있는 일체중생 무리
들, 혹 알로 태어나는 존재[3]·태로 태어나는 존재[4]·습
기로 태어나는 존재[5]·변화로 태어나는 존재[6]·형상이
있는 존재[7]·형상이 없는 존재[8]·생각이 있는 존재[9]·생

---

3 난생卵生: 알에서 태어나는 새와 물고기 등.

4 태생胎生: 모태를 통해 태어나는 인간이나 짐승들.

5 습생濕生: 축축한 곳에서 태어나는 곤충과 벌레들.

6 화생化生: 과거의 업력으로 홀연히 태어나는 하늘천신·지옥중생·중음
   신을 포함하여, 예전의 형체가 새로운 모습으로 바뀌는 누에·나비 등.

7 유색有色: 형색이 있는 욕계의 중생과 색계의 하늘천신들.

각이 없는 존재[10]·생각이 있는 것도 아니고 없는 것도 아닌 존재[11] 등을 내가 모두 번뇌의 괴로움이 없는 완전한 열반〔無餘涅槃〕에 들게 하여 제도하겠다'고 마음먹어야 하느니라. **8 9 10 11**

하지만 이렇게 무량무수하게 한없이 많은 중생들을 열반으로 제도했더라도, '열반으로 제도한 중생이 실로 아무도 없다'고 해야 하느니라. 수보리여, 왜냐하면 만일 보살에게 아상[12]·인상[13]·중생상[14]·수자상[15]이 있다면 곧 보살이 아니기 때문이니라."

---

8 무색無色: 형색 없이 靈識만 살아있는 무색계의 하늘천신들.

9 유상有想: 생각이나 기억을 따라 태어나는 귀신·정령 등.

10 무상無想: 외도의 無想 수행을 닦은 과보로 無想天에 태어난 천신들.

11 비유상비무상非有想非無想: 무색계의 非想非非想處天의 하늘천신들.

12 아상我相: 변치 않은 自我〔ātman〕가 있다는 분별망상(나라는 것이 있다는 생각).

13 인상人相: 변치 않은 독립된 인격〔個我, pudgala〕이 따로 있다는 분별망상(남이라는 생각).

14 중생상衆生相: 변치 않은 전도된 중생이 따로 있다는 분별망상(중생이라는 생각).

15 수자상壽者相: 변치 않은 영혼이 존재한다는 분별망상(불멸의 영혼이 있다는 생각).

한문·한글 역주 금강경

묘행무주분 제사
妙行無住分 第四

부차수보리 보살어법 응무소주 행어보시 소위부
復次須菩提 菩薩於法 應無所住 行於布施 所謂不

주색보시 부주성향미촉법보시 수보리 보살응여시
住色布施 不住聲香味觸法布施 須菩提 菩薩應如是

보시 부주어상 하이고 약보살부주상보시 기복덕
布施 不住於相 何以故 若菩薩不住相布施 其福德

불가사량 수보리 어의운하 동방허공 가사량부
不可思量 須菩提 於意云何 東方虛空 可思量不

불야세존
不也世尊

수보리 남서북방 사유상하허공 가사량부
須菩提 南西北方 四維上下虛空 可思量不

불야세존
不也世尊

수보리 보살 무주상보시복덕 역부여시 불가사량
須菩提 菩薩 無住相布施福德 亦復如是 不可思量

수보리 보살 단응여소교주
須菩提 菩薩 但應如所教住

제4 뛰어난 수행은 머묾이 없다[妙行無住分]

"다시 또 수보리여, 보살은 대상에 머무는 바 없이 보시해야 하느니라. 이른바 형상에 머물지 않고 보시하며, 소리·냄새·맛·감촉·의식의 관념에 머물지 않고 보시해야 하느니라.

수보리여, 보살은 응당 이와 같이 보시하되 어떤 분별[相]에도 머물지 말아야 하느니라. 왜냐하면 보살이 분별에 머물지 않고 보시한다면, 그 복덕은 생각으로 헤아릴 수 없을 정도로 많기 때문이니라.

수보리여, 어떻게 생각하는가? 동방의 허공 크기를 헤아릴 수 있겠느냐?"

"헤아릴 수 없습니다, 세존이시여!"

"수보리여! 그럼 남방·서방·북방과 네 간방 및 위·아래의 허공 크기를 헤아릴 수 있겠느냐?"

"헤아릴 수 없습니다, 세존이시여!"

"수보리여!

보살이 분별에 머물지 않고 보시한 복덕도 또한 그와 같아서 생각으로 헤아릴 수 없을 정도니라. 수보리여, 보살은 다만 가르친 바와 같이 응당 머물지 말고 보시하며 살아야 하느니라.[16]"

여리실견분 제오
如理實見分 第五

수보리 어의운하 가이신상 견여래부
須菩提 於意云何 可以身相 見如來不

불야세존 불가이신상 득견여래 하이고 여래소설
不也世尊 不可以身相 得見如來 何以故 如來所說

신상 즉비신상
身相 卽非身相

불고수보리 범소유상 개시허망 약견제상비상 즉
佛告須菩提 凡所有相 皆是虛妄 若見諸相非相 則

견여래
見如來

---

16 '但應如所敎住(응당 가르친 바와 같이 머물러야 한다)'는 구마라즙 역본에만 나옴. 梵本이나 현장·보리유지 역본에는 '머물지 않는 보시를 해야 한다'고 나오므로, 이를 참조해 번역함.

＊

제5 진리 그대로 여래의 참모습을 보라〔如理實見分〕

"수보리여, 어떻게 생각하는가?
몸의 모양으로써 여래를 볼 수 있겠느냐?"

"아닙니다, 세존이시여! 몸의 모양만 가지고 여래를 볼 수는 없습니다. 왜냐하면 여래께서 말씀하신 몸의 모양은 곧 몸의 모양이 아니기 때문입니다."

부처님께서 수보리에게 이르시었다.
"무릇 인연으로 생긴 모양은 전부 다 허망하나니, 보이는 모양과 보이지 않는 것을 함께 본다면[17] 곧 여래를 보리라."

---

17 기존의 한문 번역으로는 '모든 모양이 참 모양이 아닌 줄 본다면'이지만, 梵本의 번역서(각묵스님의 『금강경 역해』와 현진스님의 『산스끄리뜨 금강경 역해』, 梵典編輯室의 『금강반야바라밀다경』, 송강스님의 『금강경』) 등을 참조하여 '모양을 갖춘 것은 허망하고 모양을 갖추지 않은 것은 허망하지 않으니, 모양과 모양이 아닌 두 측면에서 여래를 보아야 한다'라는 의미를 담아 번역함.

한문·한글 역주 금강경

정신희유분 제육
正信希有分 第六

수보리백불언 세존 파유중생 득문여시언설장구
須菩提白佛言 世尊 頗有衆生 得聞如是言說章句

생실신부
生實信不

불고수보리 막작시설 여래멸후 후오백세 유지계
佛告須菩提 莫作是說 如來滅後 後五百歲 有持戒

수복자 어차장구 능생신심 이차위실 당지시인 불
修福者 於此章句 能生信心 以此爲實 當知是人 不

어일불이불삼사오불 이종선근 이어무량천만불소
於一佛二佛三四五佛 而種善根 已於無量千萬佛所

종제선근 문시장구 내지일념 생정신자 수보리 여
種諸善根 聞是章句 乃至一念 生淨信者 須菩提 如

래 실지실견 시제중생 득여시무량복덕 하이고 시
來 悉知悉見 是諸衆生 得如是無量福德 何以故 是

제중생 무부아상인상중생상수자상 무법상 역무비
諸衆生 無復我相人相衆生相壽者相 無法相 亦無非

법상 하이고 시제중생 약심취상 즉위착아인중생
法相 何以故 是諸衆生 若心取相 則爲着我人衆生

수자 하이고[18] 약취법상 즉착아인중생수자 약취비
壽者 何以故 若取法相 卽着我人衆生壽者 若取非

법상 즉착아인중생수자 시고 불응취법 불응취비
法相 卽着我人衆生壽者 是故 不應取法 不應取非

법 이시의고 여래상설 여등비구 지아설법 여벌유
法 以是義故 如來常說 汝等比丘 知我說法 如筏喩

자 법상응사 하황비법
者 法尙應捨 何況非法 ⑱

제6 바른 믿음은 참으로 귀하다〔正信希有分〕

수보리가 부처님께 여쭈었다.

"세존이시여!

과연 중생이 이토록 깊은 말씀을 듣고는 참된 믿음을
낼 수 있겠습니까?"

부처님께서 수보리에게 이르시었다.

"그렇게 함부로 말하지 말아라.

여래가 열반한 뒤 마지막 오백 년 말법 세상에서도

---

18 하이고何以故: '왜 그러한가?' '왜냐하면' 또는 '무슨 까닭인가?' 등을 나
타내는 문구임. 현재 유통되는 『금강경』(구마라즙 역) 가운데 '何以故'를
'若取法相' 앞에 둔 것과 '若取非法相' 앞에 둔 것의 2가지가 있는데, 문
맥 흐름상 '若取法相' 앞에 두는 것이 마땅하다고 생각됨. 현장역과 梵
本의 경우도 그러하며, 世祖本과 탄허스님이 현토한 『금강경』(도서출판
교림, 2023)도 그러함.

계율을 지키며 복을 닦는 자들은 이 가르침 말씀에 능히 신심을 내어 진실로 여기리라. 마땅히 알라. 그런 사람은 한 분이나 두 분 혹은 셋·넷·다섯 부처님께만 선근을 심은 것이 아니니라. 즉 이미 한량없는 천만 분의 부처님들 처소에서 많은 선근을 심었으므로, 이 가르침 말씀을 듣고는 한 생각 찰나에도 깨끗한 믿음을 낼 것이니라.

수보리여!

여래는 그 모든 중생들이 한량없는 복덕을 얻으리란 것을 전부 알고 다 보느니라. 왜냐하면 그 중생들은 아상·인상·중생상·수자상이 없으며, 뿐만 아니라 법이라는 분별이나 법이 아니라는 분별도 없기 때문이니라. 그 까닭은 중생들이 만일 마음에 분별을 내면 곧 아상·인상·중생상·수자상에 집착하는 것이 되기 때문이니라. 왜냐하면 만일 법이라는 분별을 내더라도 아상·인상·중생상·수자상에 집착하는 것이며, 법이 아니라는 분별을 내더라도 아상·인상·중생상·수자상에 집착하는 것이기 때문이니라.

그러므로 응당 법을 국집하지도 말며, 법 아닌 것에도 국집하지 말아야 하느니라. 이런 의미로 여래는 늘

상 말하기를, '너희들 비구는 나의 설법을 뗏목과 같이
여기라'고 일렀던 것이니라. 법도 응당 버려야 하거늘,
하물며 법 아닌 것이야 말해 무엇하겠느냐!"

무득무설분 제칠
無得無說分 第七

수보리 어의운하 여래득아뇩다라삼먁삼보리야 여
須菩提 於意云何 如來得阿耨多羅三藐三菩提耶 如

래유소설법야
來有所說法耶

수보리언 여아해불소설의 무유정법명아뇩다라삼
須菩提言 如我解佛所說義 無有定法名阿耨多羅三

먁삼보리 역무유정법여래가설 하이고 여래소설법
藐三菩提 亦無有定法如來可說 何以故 如來所說法

개불가취 불가설 비법비비법 소이자하 일체현성
皆不可取 不可說 非法非非法 所以者何 一切賢聖

개이무위법 이유차별
皆以無爲法 而有差別

제7 얻을 수도 없고 설할 수도 없는 법[無得無說分]

"수보리여, 어떻게 생각하는가?

여래가 위없이 가장 높고 바르며 원만한 최상의 깨달음(아뇩다라삼먁삼보리)을 얻었느냐?

여래가 설한 법이 있느냐?"

수보리가 대답하였다.

"제가 부처님의 말씀하신 뜻을 이해하기로는, 위없이 가장 높고 바르며 원만한 최상의 깨달음(아뇩다라삼먁삼보리)이라 정해진 법이 따로 있지 않습니다. 또한 여래께서 설하신 정해진 법도 따로 없습니다. 왜냐하면 여래께서 설하신 법은 모두 취할 수 없고 말로 설할 수 없으며, 법도 아니고 법 아닌 것도 아니기 때문입니다. 무슨 까닭인가 하면, 일체 현자와 성인들은 모두 인연의 상대 원리를 초월한 무위법[19]으로써 인연에 따른 여러

---

19 무위법無爲法: 눈과 귀 등 6근을 통해 인지되는 우리들의 모든 감각세계는 보통 상대적인 인과관계의 인연법에 속함. 이러한 인연의 상호작용으로 일어나는 모든 현상을 '有爲法'이라 부르는 반면, 인연법의 상대성

차별을 드러내고 있기 때문입니다."

의법출생분 제팔
依法出生分 第八

수보리 어의운하 약인 만삼천대천세계칠보 이용
須菩提 於意云何 若人 滿三千大千世界七寶 以用

보시 시인 소득복덕 영위다부
布施 是人 所得福德 寧爲多不

수보리언 심다세존 하이고 시복덕 즉비복덕성 시
須菩提言 甚多世尊 何以故 是福德 卽非福德性 是

고 여래설복덕다
故 如來說福德多

약부유인 어차경중 수지내지사구게등 위타인설
若復有人 於此經中 受持乃至四句偈等 爲他人說

기복승피 하이고 수보리 일체제불 급제불아뇩다
其福勝彼 何以故 須菩提 一切諸佛 及諸佛阿耨多

라삼먁삼보리법 개종차경출 수보리 소위불법자
羅三藐三菩提法 皆從此經出 須菩提 所謂佛法者

즉비불법
卽非佛法

원리를 벗어난 여여한 진리의 본체는 일체 차별이 없는 절대적인 세계
로 이를 '無爲法'이라 부름.

제8 가르침을 의지해 깨닫는다〔依法出生分〕

"수보리여, 어떻게 생각하는가?

어떤 이가 삼천대천세계[20] 온 우주에 금은보화 7가지 보배[21]를 가득 채워 보시한다면, 그가 얻는 복덕이 얼마나 되겠느냐?"

수보리가 대답하였다.

"매우 많겠습니다, 세존이시여! 왜냐하면 그 복덕은 복덕의 본성이 아니기 때문입니다. 그래서 여래께서는

---

20 삼천대천세계三千大千世界: 수미산을 중심으로 9山 8海가 있으며, 4洲와 日·月을 한 단위로 '一世界'라 함. 이 一世界가 천 개 합해진 것을 '小千世界'라 부르고, 소천세계 천 개 합해진 것을 '中千世界'라 부르며, 중천세계 천 개 합해진 것을 '大千世界'라 부름. 즉 하나의 대천세계는 3종의 千세계가 있으므로 三千이란 수식어를 붙여 '三千大千世界'라 부르는데, 곧 백억 개의 수미산과 백억 개의 해와 달이 있는 드넓은 우주 은하계를 말함.(경에서는 이런 대천세계들이 갠지스강 모래알처럼 무수히 펼쳐져있다 함.)

21 칠보七寶: 금·은·유리(청보석)·자거·마노·진주·매괴 등의 7가지 보석.(『아미타경』에서는 금·은·유리(청보석)·파려·자거·적주·마노 등 7가지 보석으로 나옴.)

복덕이 많다고 말씀하신 것입니다."

"그런데 만일 또 어떤 이가 이 가르침을 받아들여 지니고 하다못해 4구절의 게송 하나라도 다른 사람을 위해 일러준다면, 이 복이 저 금은보화 7가지 보배를 보시한 것보다 훨씬 더 많으리라. 어찌하여 그러한가? 수보리여, 일체 모든 부처님들과 부처님의 위없이 가장 높고 바르며 원만한 최상의 깨달음(아뇩다라삼먁삼보리)의 법이 전부 이 가르침에서 나오기 때문이니라. 수보리여, 이른바 불법이라 함은 곧 불법이 아니니라."

일상무상분 제구
一相無相分 第九

수보리 어의운하 수다원 능작시념 아득수다원과부
須菩提 於意云何 須陀洹 能作是念 我得須陀洹果不

수보리언 불야세존 하이고 수다원 명위입류 이무
須菩提言 不也世尊 何以故 須陀洹 名爲入流 而無

소입 불입색성향미촉법 시명수다원
所入 不入色聲香味觸法 是名須陀洹

수보리 어의운하 사다함 능작시념 아득사다함과부
須菩提 於意云何 斯陀含 能作是念 我得斯陀含果不

수보리언 불야세존 하이고 사다함 명일왕래 이실
須菩提言 不也世尊 何以故 斯陀含 名一往來 而實

무왕래 시명사다함
無往來 是名斯陀含

수보리 어의운하 아나함 능작시념 아득아나함과부
須菩提 於意云何 阿那含 能作是念 我得阿那含果不

수보리언 불야세존 하이고 아나함 명위불래 이실
須菩提言 不也世尊 何以故 阿那含 名爲不來 而實

무불래[22] 시고 명아나함
無不來　是故 名阿那含

수보리 어의운하 아라한 능작시념 아득아라한도부
須菩提 於意云何 阿羅漢 能作是念 我得阿羅漢道不

수보리언 불야세존 하이고 실무유법명아라한 세
須菩提言 不也世尊 何以故 實無有法名阿羅漢 世

존 약아라한작시념 아득아라한도 즉위착아인중생
尊 若阿羅漢作是念 我得阿羅漢道 卽爲着我人衆生

수자 세존 불설아득무쟁삼매인중 최위제일 시제
壽者 世尊 佛說我得無諍三昧人中 最爲第一 是第

---

22 현재 유통되는 2가지 『금강경』(구마라즙 역) 가운데 해인사本(고려대장
경)과 대정本(신수대장경)에는 '而實無來'로 나오며, 明本·淸本·梵本·世
祖本·조계종표준본에는 '而實無不來'로 나옴. 여기서는 후자를 따름.

일이욕아라한 세존[23] 아부작시념 아시이욕아라한
一離欲阿羅漢 世尊　我不作是念 我是離欲阿羅漢

세존 아약작시념 아득아라한도 세존즉불설 수보
世尊 我若作是念 我得阿羅漢道 世尊則不說 須菩

리시요아란나행자 이수보리실무소행 이명수보리
提是樂阿蘭那行者 以須菩提實無所行 而名須菩提

시요아란나행
是樂阿蘭那行

제9 어떤 한 가지 상도 없어야 한다〔一相無相分〕

"수보리여, 어떻게 생각하는가?

　수다원이 '내가 수다원과[24]를 얻었다'고 생각할 수 있

겠느냐?"

23　현재 유통되는 2가지 『금강경』(구마라즙 역) 가운데 '世尊'句가 있는 것
　　이 대부분이나, 해인사本(고려대장경)과 대정本(신수대장경)·조계종표준
　　本에는 '世尊'句가 없음. 내용 흐름상 여기서는 전자를 따름.

24　수다원과須陀洹果: 깨달음으로 나아가는 성문 수행의 첫 번째 단계. 세
　　속의 흐름에서 벗어나 성자의 무리에 처음 참예하는 果位로 '예류과預
　　流果'라 부름. 수다원과에 오른 상태에서 죽음을 맞게 되면 인간계와 천
　　상계를 7차례 정도 윤회하며 수행을 계속해 해탈한다고 함.

　　　　　　　　한문·한글 역주 금강경

수보리가 대답하였다.

"아닙니다, 세존이시여! 왜냐하면 '수다원'이란 '성자의 흐름에 들어간 자'란 말입니다만, 실은 들어간 곳이 없습니다. 즉 형상이나 소리·향기·맛·감촉·의식의 관념에 빠져들지 않아서 '수다원'이라 이름한 것이기 때문입니다."

"수보리여, 어떻게 생각하는가?
사다함이 '내가 사다함과[25]를 얻었다'고 생각할 수 있겠느냐?"

수보리가 대답하였다.

"아닙니다, 세존이시여! 왜냐하면 '사다함'이란 '인간 세계에 한 번 돌아올 자'란 말입니다만, 실은 가고 옴도 없어서 '사다함'이라 이름한 것이기 때문입니다."

---

25 사다함과斯陀含果: 수다원과에서 수행이 조금 더 진전된 두 번째 단계. 이 단계에 오른 이는 사제법을 바로 깨달아 貪·瞋·癡·慢 등의 번뇌에서 벗어난 사람임. 그러나 아직 세속 번뇌가 남아있기에 인간 세상에 한 번 더 윤회해 와서 닦아야 하므로 '일래과一來果'라 부름.

"수보리여, 어떻게 생각하는가?

아나함이 '내가 아나함과[26]를 얻었다'고 생각할 수 있겠느냐?"

수보리가 대답하였다.

"아닙니다, 세존이시여! 왜냐하면 '아나함'이란 '인간 세계에 다시 오지 않을 자'란 말입니다만, 실은 오지 않을 것도 없기에 그러므로 '아나함'이라 이름한 것이기 때문입니다."

"수보리여, 어떻게 생각하는가?

아라한이 '내가 아라한의 경지[27]를 얻었다'고 생각할

---

26 아나함과阿那含果: 성문 수행 과정에서 세속의 번뇌를 모두 소멸한 세 번째 단계. 이 단계에 오른 이는 온갖 것이 꿈과 같음을 알고, 여러 생 동안 익혀왔던 나쁜 버릇이 소멸되어 타락하지 않음. 그래서 사바세계 의 속세로 다시는 오지 않기 때문에 '불환과不還果'라 부름. 그렇지만 출 세간의 번뇌까지 다 없애지는 못했기에 천상계 안에서 28天을 오르내 리며 윤회하여 수행하는 단계임.

27 아라한도阿羅漢道: 성문 수행의 마지막 네 번째 단계. 더 이상 닦을 것이 없는 '무학無學'의 최고 경지임. '아라한arahant'이란 일체 번뇌를 끊고 수행을 완성하여 열반의 경지에 오른 성자로서, 인간계와 천상계의 공 양을 받을 만한 분이란 뜻으로 '응공應供'이라 부름. 또한 모든 번뇌의

한문·한글 역주 금강경

수 있겠느냐?"

수보리가 대답하였다.

"아닙니다, 세존이시여! 왜냐하면 실로 '아라한'이라 이름할 어떤 법도 없기 때문입니다. 세존이시여! 만일 아라한이 '내가 아라한의 경지를 얻었다'고 생각한다면, 곧 아상·인상·중생상·수자상에 집착한 것이 됩니다.

세존이시여!

부처님께서는 제가 '다툼 없는 삼매를 얻은 이들 가운데에서 가장 으뜸'이라 하셨으니, 바로 '욕심을 떠난 첫째가는 아라한'이라는 말입니다. 하지만 세존이시여, 저는 스스로 '욕심을 떠난 아라한'이라고 생각하지 않습니다.

세존이시여! 만약 제가 정말로 '아라한의 경지를 얻었다'고 생각했다면, 세존께서 '수보리는 맑고 고요한 삶〔阿蘭那行〕28을 즐기는 수행자'라고 말씀하지 않으셨

도적을 없앴다는 뜻으로 '살적殺賊' '무적無賊'이라 부르며, 윤회 세상에 태어나지 않기에 '무생無生'이라고도 부름.

28 아란나행阿蘭那行: 범어 Araṇā-vihārin의 음역. 적정행寂靜行〔맑고 고요한

을 것입니다. 그러나 수보리가 실로 그렇게 생각하지 않았기에, '수보리는 맑고 고요한 삶을 즐긴다'고 일컬으신 것입니다."

장엄정토분 제십
莊嚴淨土分 第十

불고수보리 어의운하 여래석재연등불소 어법유소
佛告須菩提 於意云何 如來昔在燃燈佛所 於法有所

득부
得不

불야[29]세존 여래재연등불소 어법실무소득
不也 世尊 如來在燃燈佛所 於法實無所得

수보리 어의운하 보살 장엄불토부
須菩提 於意云何 菩薩 莊嚴佛土不

불야세존 하이고 장엄불토자 즉비장엄 시명장엄
不也世尊 何以故 莊嚴佛土者 則非莊嚴 是名莊嚴

삶)으로 한역. 다툼이 없는 고요한 생활[無諍行], 다툼 없는 고요한 머묾〔無諍住〕, 다툼 없는 고요한 삼매[無諍三昧]의 뜻.

29 현재 유통되는 『금강경』(구마라즙 역) 가운데 '不也'句가 없는 것(해인사본·대정본)과 '不也'句가 있는 것(宋本·明本·淸本·梵本·조계종표준본) 2가지가 있는데, 여기서는 후자를 따름.

시고 수보리 제보살마하살 응여시생청정심 불응
是故 須菩提 諸菩薩摩訶薩 應如是生淸淨心 不應

주색생심 불응주성향미촉법생심 응무소주 이생기
住色生心 不應住聲香味觸法生心 應無所住 而生其

심 수보리 비여유인 신여수미산왕 어의운하 시신
心 須菩提 譬如有人 身如須彌山王 於意云何 是身

위대부
爲大不

수보리언 심대세존 하이고 불설비신 시명대신
須菩提言 甚大世尊 何以故 佛說非身 是名大身

제10 무엇이 청정한 불국토의 장엄인가?〔莊嚴淨土分〕

부처님께서 수보리에게 이르시었다.

"어떻게 생각하는가?

여래가 옛날 연등불[30] 계신 곳에서 법에 대해 얻은 것

---

30 연등불燃燈佛: 원어로 Dipankara Buddha. 석가모니불 이전에 나오신
과거 24불 중의 한 분. 석가 여래께서 붓다가 되기 이전 아득한 전생에
'수메다'라는 청년 수행자였던 시절에, 어렵게 7송이 연꽃을 구해 연등
불께 공양 올렸음. 그리고 한 번은 비가 와서 엉망인 진흙탕 길을 연등
불께서 그냥 걸어가시려 하자, 얼른 상의를 벗어 깔고 또 길게 자란 머
리카락을 진흙탕 길 위로 풀어 엎드린 채 밟고 지나가시도록 했음. 그

이 있느냐?"

"아닙니다, 세존이시여!
여래께서는 연등불 계신 곳에서 실로 법에 대해 얻은
것이 없습니다."

"수보리여, 어떻게 생각하는가?
보살이 부처님 국토를 아름답게 장엄하는 것이냐?"

"아닙니다, 세존이시여! 왜냐하면 부처님 국토를 장
엄한다는 것은 곧 장엄하는 것이 아니지만 장엄한다고
일컬은 것이기 때문입니다."

"그러므로 수보리여, 모든 보살마하살들은 응당 이와
같이 청정한 마음을 내어야 하느니라. 곧 형상에 머물
러 마음을 내지 말며, 소리나 향기·맛·감촉·의식의 관
념에 머물러 마음을 내지 말아야 하느니라. 즉 응당 어
디에도 머무는 바 없이 청정하게 그 마음을 내어야 하

때 앞으로 미래에 '석가모니불'이 되리란 성불의 수기를 주신 부처님.

한문·한글 역주 금강경

느니라.

　수보리여, 비유컨대 어떤 사람의 몸이 산들의 왕인 수미산[22]만큼 크다고 하자. 그렇다면 어떻게 생각하는가? 그 몸이 정말로 큰 것이냐?”

　수보리가 대답하였다.
　“매우 크옵니다, 세존이시여! 왜냐하면 부처님께서는 몸이 아님을 말씀하시어 큰 몸이라 일컬으셨기 때문입니다.” [31]

무위복승분 제십일
無爲福勝分 第十一

수보리 여항하중소유사수 여시사등항하 어의운하
須菩提 如恒河中所有沙數 如是沙等恒河 於意云何

시제항하사 영위다부
是諸恒河沙 寧爲多不

31　수미산須彌山: 범어 Sumeru의 음역. 세계의 중심인 이 산의 높이는 8만 유순(1由旬은 30리~40리 정도)이나 되며, 산 중턱에는 사천왕천이 살고 산꼭대기에는 제석천이 산다고 함.

수보리언 심다세존 단제항하 상다무수 하황기사
須菩提言 甚多世尊 但諸恒河 尙多無數 何況其沙

수보리 아금실언고여 약유선남자선여인 이칠보
須菩提 我今實言告汝 若有善男子善女人 以七寶

만이소항하사수 삼천대천세계 이용보시 득복다부
滿爾所恒河沙數 三千大千世界 以用布施 得福多不

수보리언 심다세존
須菩提言 甚多世尊

불고수보리 약선남자선여인 어차경중 내지수지사
佛告須菩提 若善男子善-女人 於此經中 乃至受持四

구게등 위타인설 이차복덕 승전복덕
句偈等 爲他人說 而此福德 勝前福德

제11 무위법의 수승한 복덕 〔無爲福勝分〕

"수보리여!

만일 갠지스강 모래알 수만큼의 무수한 갠지스강들
이 있다면, 어떻게 생각하는가? 그 무수한 갠지스강들
의 모래알 수는 얼마나 되겠느냐?"

수보리가 대답하였다.

"엄청나게 많겠습니다, 세존이시여!

갠지스강 모래알 수만큼의 갠지스강들만 해도 헤아릴 수 없을 정도로 많을 텐데, 하물며 그 무수한 갠지스강들의 모래알 수들이야 더 말할 나위가 있겠습니까!"

"수보리여, 내 이제 진실한 말로 그대에게 일러주리라. 만일 어떤 선남자 선여인이 그 무수한 갠지스강들 모래알 수만큼의 수많은 삼천대천세계들 온 우주마다 금은보화 7가지 보배들을 가득 채워 보시한다면, 그가 복을 많이 얻겠느냐?"

수보리가 대답하였다.
"아주 많은 복을 얻을 것입니다, 세존이시여!"

부처님께서 수보리에게 이르시었다.
"하지만 선남자 선여인이 이 가르침 가운데에서 하다 못해 4구절의 게송 하나라도 받아들여 지니고 다른 사람을 위해 일러준다면, 이 복덕이 앞의 금은보화 7가지 보배들을 보시한 것보다 훨씬 더 많으리라."

존중정교분 제십이
尊重正敎分 第十二

부차수보리 수설시경 내지사구게등 당지차처 일
復次須菩提 隨說是經 乃至四句偈等 當知此處 一

체세간천인아수라 개응공양 여불탑묘 하황유인
切世間天人阿修羅 皆應供養 如佛塔廟 何況有人

진능수지독송 수보리 당지시인 성취최상제일희유
盡能受持讀誦 須菩提 當知是人 成就最上第一希有

지법 약시경전소재지처 즉위유불 약존중제자
之法 若是經典所在之處 則爲有佛 若尊重弟子

제12 바른 가르침을 존중하라〔尊重正敎分〕

"다시 또 수보리여!

이 가르침을 능력에 따라 설하되 하다못해 4구절의
게송 하나라도 말해준다면 마땅히 알지니, 이곳은 바로
일체 세상의 하늘천신과 인간 그리고 아수라들이 모두
응당 부처님 탑과 같이 받들어 공양할 것이니라.

하물며 어떤 이가 경전을 전부 받아들여 지니고 독송
한다면 그거야 더 말해 무엇하겠느냐! 수보리여, 그 사

람은 마땅히 최상의 제일 으뜸가는 희유한 법을 성취할
것임을 알아야 하느니라.

　이 경전 법문이 있는 곳은 곧 부처님이 계신 곳이며,
존경받는 제자들이 있는 곳과 마찬가지니라."

여법수지분 제십삼
如法受持分 第十三

이시 수보리백불언 세존 당하명차경 아등 운하봉
爾時 須菩提白佛言 世尊 當何名此經 我等 云何奉

지
持

불고수보리 시경 명위금강반야바라밀 이시명자
佛告須菩提 是經 名爲金剛般若波羅蜜 以是名字

여당봉지 소이자하 수보리 불설반야바라밀 즉비
汝當奉持 所以者何 須菩提 佛說般若波羅蜜 則非

반야바라밀 시명반야바라밀³² 수보리 어의운하 여
般若波羅蜜 是名般若波羅蜜　 須菩提 於意云何 如

---

32 현재 유통되는 『금강경』(구마라즙 역) 가운데 '是名般若波羅蜜'句가 없는
　것(해인사본·대정본)과 '是名般若波羅蜜'句가 있는 것(宋本·梵本·조계종표
　준본) 2가지가 있는데, 여기서는 후자를 따름.

래유소설법부
來有所說法不

수보리백불언 세존 여래무소설
須菩提白佛言 世尊 如來無所說

수보리 어의운하 삼천대천세계 소유미진 시위다부
須菩提 於意云何 三千大千世界 所有微塵 是爲多不

수보리언 심다세존
須菩提言 甚多世尊

수보리 제미진 여래설비미진 시명미진 여래설세
須菩提 諸微塵 如來說非微塵 是名微塵 如來說世

계 비세계 시명세계 수보리 어의운하 가이삼십이
界 非世界 是名世界 須菩提 於意云何 可以三十二

상 견여래부
相 見如來不

불야세존 불가이삼십이상 득견여래 하이고 여래
不也世尊 不可以三十二相 得見如來 何以故 如來

설삼십이상 즉시비상 시명삼십이상
說三十二相 卽是非相 是名三十二相

수보리 약유선남자선여인 이항하사등신명보시 약
須菩提 若有善男子善女人 以恒河沙等身命布施 若

부유인 어차경중 내지수지사구게등 위타인설 기
復有人 於此經中 乃至受持四句偈等 爲他人說 其

복심다
福甚多

제13 법답게 받아 지니는 방법 [如法受持分]

그때 수보리가 부처님께 여쭈었다.
"세존이시여!
이 가르침을 마땅히 무엇이라 부르며, 저희들이 어떻게 받들어 지녀야 합니까?"

부처님께서 수보리에게 이르시었다.
"이 가르침은 〈금강반야바라밀경〉이라 부르니, 이 이름으로 너희들은 마땅히 잘 받들어 지니도록 하라. 무슨 까닭인가? 수보리여, 붓다는 반야바라밀이 곧 반야바라밀이 아님을 말하여 반야바라밀이라 일컫은 것이기 때문이니라.
수보리여, 어떻게 생각하는가?
여래가 설한 법이 있느냐?"

수보리가 부처님께 사뢰었다.
"세존이시여, 여래께서는 설하신 바가 없습니다."

"수보리여, 어떻게 생각하는가?

삼천대천세계 온 우주에 있는 먼지 티끌들이 많겠느냐?"

수보리가 대답하였다.

"매우 많습니다, 세존이시여!"

"수보리여! 그 모든 먼지 티끌들을 여래는 먼지 티끌들이 아님을 말하여 먼지 티끌들이라 일컬었느니라. 여래는 세계도 세계가 아님을 말하여 세계라 이름하였느니라.[33]

수보리여, 어떻게 생각하는가?

32가지 거룩한 상호로써 여래를 볼 수 있겠느냐?"

"아닙니다, 세존이시여!

32가지 거룩한 상호만 가지고 여래를 볼 수는 없습니다. 왜냐하면 여래께서는 32가지 거룩한 상호란 곧 상

---

33 범본에는 수보리의 말로 나오는데, 구마라즙과 현장 역본에는 붓다의
말씀으로 되어 있음.

호가 아님을 말씀하시어, 32가지 거룩한 상호라 일컬
으셨기 때문입니다."

"수보리여!

만일 어떤 선남자 선여인이 갠지스강 모래알 수만큼
이나 수만 번 자기 목숨을 바쳐 보시했다고 하자. 그런
데 또 어떤 이가 이 가르침 가운데에서 하다못해 4구절
의 게송 하나라도 받아들여 지니고 다른 사람을 위해
일러준다면, 이 복이 수만 번 자기 목숨을 바쳐 보시한
것보다도 훨씬 더 많으리라."

이상적멸분 제십사
離相寂滅分 第十四

이시 수보리 문설시경 심해의취 체루비읍 이백불
爾時 須菩提 聞說是經 深解義趣 涕淚悲泣 而白佛

언 희유세존 불설여시심심경전 아종석래소득혜
言 希有世尊 佛說如是甚深經典 我從昔來所得慧

안 미증득문여시지경 세존 약부유인 득문시경 신
眼 未曾得聞如是之經 世尊 若復有人 得聞是經 信

심청정 즉생실상 당지시인 성취제일희유공덕 세
心淸淨 則生實相 當知是人 成就第一希有功德 世

존 시실상자 즉시비상 시고 여래설명실상 세존 아
尊 是實相者 則是非相 是故 如來說名實相 世尊 我

금득문여시경전 신해수지 부족위난 약당래세 후
今得聞如是經典 信解受持 不足爲難 若當來世 後

오백세 기유중생 득문시경 신해수지 시인 즉위제
五百歲 其有衆生 得聞是經 信解受持 是人 則爲第

일희유 하이고 차인 무아상 무인상 무중생상 무수
一希有 何以故 此人 無我相 無人相 無衆生相 無壽

자상[34] 소이자하 아상 즉시비상 인상중생상수자상
者相　　所以者何 我相 卽是非相 人相衆生相壽者相

즉시비상 하이고 이일체제상 즉명제불
卽是非相 何以故 離一切諸相 則名諸佛

불고수보리 여시여시 약부유인 득문시경 불경불
佛告須菩提 如是如是 若復有人 得聞是經 不驚不

포불외 당지시인 심위희유 하이고 수보리 여래설
怖不畏 當知是人 甚爲希有 何以故 須菩提 如來說

제일바라밀 즉[35]비제일바라밀 시명제일바라밀 수
第一波羅蜜 卽 非第一波羅蜜 是名第一波羅蜜 須

---

34 현재 유통되는 『금강경』(구마라즙 역) 가운데 '無我相 無人相 無衆生相
　無壽者相'으로 된 것과 '無我相人相衆生相壽者相'으로 된 것(해인사본·
　대정본·조계종표준본) 2가지가 있는데, 여기서는 전자를 따름.

35 현재 유통되는 『금강경』(구마라즙 역) 가운데 '卽'字가 있는 것과 '卽'字

보리 인욕바라밀 여래설비인욕바라밀[36] 하이고 수
菩提 忍辱波羅蜜 如來說非忍辱波羅蜜　何以故 須

보리 여아석위가리왕 할절신체 아어이시 무아상
菩提 如我昔爲歌利王 割截身體 我於爾時 無我相

무인상 무중생상 무수자상 하이고 아어왕석절절
無人相 無衆生相 無壽者相 何以故 我於往昔節節

지해시 약유아상인상중생상수자상 응생진한 수
支解時 若有我相人相衆生相壽者相 應生瞋恨 須

보리 우념과거 어오백세 작인욕선인 어이소세 무
菩提 又念過去 於五百世 作忍辱仙人 於爾所世 無

아상 무인상 무중생상 무수자상 시고 수보리 보살
我相 無人相 無衆生相 無壽者相 是故 須菩提 菩薩

응리일체상 발아뇩다라삼먁삼보리심 불응주색생
應離一切相 發阿耨多羅三藐三菩提心 不應住色生

심 불응주성향미촉법생심 응생무소주심 약심유주
心 不應住聲香味觸法生心 應生無所住心 若心有住

즉위비주 시고 불설보살 심불응주색보시 수보리
則爲非住 是故 佛說菩薩 心不應住色布施 須菩提

가 없는 것(해인사본·대정본·조계종표준본) 2가지가 있는데, 여기서는 전
자를 따름.

36 현재 유통되는 『금강경』(구마라즙 역) 가운데 '如來說非忍辱波羅蜜' 다음
에 '是名忍辱波羅蜜'句 있는 것과 '是名忍辱波羅蜜'句 없는 것(해인사본·
대정본·梵本·조계종표준본) 2가지가 있는데, 여기서는 후자를 따름.

보살위이익일체중생 응여시보시 여래설일체제상
菩薩爲利益一切衆生 應如是布施 如來說一切諸相

즉시비상 우설일체중생 즉비중생 수보리 여래 시
卽是非相 又說一切衆生 則非衆生 須菩提 如來 是

진어자 실어자 여어자 불광어자 불이어자 수보리
眞語者 實語者 如語者 不誑語者 不異語者 須菩提

여래소득법 차법무실무허 수보리 약보살 심주어
如來所得法 此法無實無虛 須菩提 若菩薩 心住於

법 이행보시 여인입암 즉무소견 약보살 심부주법
法 而行布施 如人入闇 則無所見 若菩薩 心不住法

이행보시 여인유목 일광명조 견종종색 수보리 당
而行布施 如人有目 日光明照 見種種色 須菩提 當

래지세 약유선남자선여인 능어차경 수지독송 즉
來之世 若有善男子善女人 能於此經 受持讀誦 則

위여래 이불지혜 실지시인 실견시인 개득성취무
爲如來 以佛智慧 悉知是人 悉見是人 皆得成就無

량무변공덕
量無邊功德

제14 분별을 떠난 절대 고요의 열반 [離相寂滅分]

그때 수보리가 이 가르침을 듣고 나서 뜻을 깊이 이해

한문·한글 역주 금강경

하고 감격하여 눈물을 흘리며 부처님께 사뢰었다.

"참으로 희유하고 경이롭습니다, 세존이시여!

부처님께서 이렇게 깊고 깊은 경전을 설해주시니, 제가 예전에 얻었던 지혜의 눈으로는 일찍이 이처럼 심오한 가르침을 들어본 적이 없었습니다.

세존이시여!

만일 또 어떤 이가 이 가르침을 듣고 청정한 믿음을 낸다면 곧 참다운 실상을 깨닫게 되리니, 마땅히 그 사람은 가장 희유한 공덕을 성취할 것임을 알겠나이다. 세존이시여! 그 참다운 실상이란 곧 참다운 실상이 아니기에, 그러므로 여래께서 '참다운 실상'이라 일컬어 말씀하신 것입니다.

세존이시여!

제가 지금 이와 같은 경전 법문을 듣고서 믿고 이해하며 받아들여 지니기는 그리 어렵지 않습니다. 그렇지만 앞으로 미래 세상에 세존께서 열반하신 뒤 마지막 오백 년 말법 시대에 어떤 중생이 이 가르침을 듣고는 믿고 이해하며 받아들여 지닌다면, 그 사람이야말로 제일 뛰어나게 희유한 자가 될 것입니다. 왜냐하면 그 사람에게는 아상도 없고 인상도 없으며, 중생상도 없고 수자상도 없을 것이기 때문입니다. 무슨 이유인가 하면 아상은 곧 상相이 아니며, 인상·중생상·수자상도 상相이 아닌 까닭입니다. 왜냐하면 일체 모든 분별〔相〕을 떠난 이를 곧 '부처님'이라 일컫기 때문입니다."

부처님께서 수보리에게 이르시었다.

"그래그래, 맞도다! 만일 또 어떤 이가 이 가르침을 듣고서 놀라거나 겁내지 않고 두려워하지 않는다면, 그 사람은 참으로 뛰어나게 희유한 자인 줄 알아야 하느니라. 무슨 까닭인가? 수보리여! 여래는 최고의 제일바라밀이 곧 최고의 제일바라밀이 아님을 말하여, 최고의 제일바라밀이라 일컬었기 때문이니라.

수보리여, 인욕바라밀도 여래는 인욕바라밀이 아니라 말하였느니라. 왜 그러한가? 수보리여! 내가 먼 옛날 가리왕[37]에게 몸뚱이가 베이고 잘려졌던 적과 같아

---

37 가리왕歌利王: 범어 Kali-rāja(사납고 난폭한 왕이란 뜻) 석가모니부처님 본생담 이야기로, 먼 옛날 인욕을 닦고자 애쓰던 '찬디바리'가 산중에서 홀로 수행하고 있었음. 때마침 그 나라의 왕이 많은 궁녀들과 신하를 거느린 채 그 산에 들어가 사냥하며 놀다가, 점심 식사 후 고단하여 한숨 자고 일어나보니 궁녀들이 아무도 안 보임. 신하들과 함께 산속을

서, 나는 그때도 아상이 없었고 인상도 없었으며 중생상도 없었고 수자상도 없었던 까닭이니라. 왜냐하면 내가 옛날 팔다리가 마디마디 잘려나갈 때 아상·인상·중생상·수자상이 있었더라면, 당연히 성내고 원망하는 마음을 품었을 것이기 때문이니라. 수보리여! 또 돌이켜보건대 여래는 과거에도 오백 생 동안이나 인욕하는 수행자였었는데, 그 당시에도 아상이 없었고 인상도 없었으며 중생상도 없었고 수자상도 없었느니라.

그러므로 수보리여! 보살은 마땅히 일체 모든 분별〔相〕을 여의고, 위없이 가장 높고 바르며 원만한 최상의 깨달음(아뇩다라삼먁삼보리)을 이루고자 마음먹어야 하느니라. 곧 형상에 머물러 마음을 내지 말며, 소리나 향기·맛·감촉·의식의 관념에 머물러 마음을 내지 말아야 하느니라. 응당 어디에도 머무는 바 없이 마음을 내

한참 찾아보다가 궁녀들이 어느 한 수행자에게 꽃을 바치며 공양하고는 설법을 듣고 있는 것을 발견함. 질투심에 화가 난 가리왕이 '네 놈은 뭐하는 놈이냐?' 묻자, 찬디바리는 '인욕을 수행하는 자'라고 대답함. 그러자 가리왕은 '그럼 얼마나 인욕 수행이 깊은지 시험하겠다'며 팔다리와 코를 잘라버림. 그런데도 그의 마음속에 전혀 원망하는 마음이 일지 않았고, 오히려 가리왕이 나중에 무서운 과보 받게 될 것을 염려했다고 함.

어야 하느니라. 만일 마음이 어디에 머물러 있다면 곧 머물지 않도록 해야 하느니라. 그래서 붓다가 말하기를, '보살은 마음으로 응당 형상에 머물지 말고 보시해야 한다'고 했던 것이니라.

수보리여! 보살은 일체중생을 이롭게 하기 위해서 응당 이와 같이 보시해야 하느니라. 여래는 일체 모든 모양(생각 또는 관념)이 곧 모양(생각 또는 관념)이 아니며, 또 일체중생도 곧 중생이 아니라 설하였느니라.

수보리여!

여래는 바로 참된 말을 하는 자이며, 진실을 말하는 자이고, 있는 그대로 말하는 자이니라. 즉 속이는 말을 하지 않는 자이고, 거짓을 말하지 않는 자이니라.

수보리여!

여래가 얻은 법, 이 법에는 참됨도 없고 허망함도 없느니라.

수보리여! 만일 보살이 마음으로 대상에 머물러 보시한다면, 마치 어두운 곳에 들어간 사람이 아무것도 보지 못하는 것과 같으니라. 반면에 보살이 마음으로 대상에 머물지 않고 보시한다면, 눈 있는 사람이 햇살이 밝게 비추자 갖가지 모습들을 환히 보는 것과 같으니라.

수보리여!

앞으로 미래 세상에 어떤 선남자 선여인이 능히 이 가르침을 받아들여 지니고 독송한다면, 여래는 붓다의 지혜로써 그 사람들을 전부 알고 다 보리니 모두 한량 없고 끝없는 공덕을 성취하리라."

지경공덕분 제십오
持經功德分 第十五

수보리 약유선남자선여인 초일분 이항하사등신보
須菩提 若有善男子善女人 初日分 以恒河沙等身布

시 중일분 부이항하사등신보시 후일분 역이항하
施 中日分 復以恒河沙等身布施 後日分 亦以恒河

사등신보시 여시무량백천만억겁 이신보시 약부유
沙等身布施 如是無量百千萬億劫 以身布施 若復有

인 문차경전 신심불역 기복승피 하황서사수지독
人 聞此經典 信心不逆 其福勝彼 何況書寫受持讀

송 위인해설 수보리 이요언지 시경 유불가사의불
誦 爲人解說 須菩提 以要言之 是經 有不可思議不

가칭량무변공덕 여래 위발대승자설 위발최상승자
可稱量無邊功德 如來 爲發大乘者說 爲發最上乘者

설 약유인 능수지독송 광위인설 여래실지시인 실
說 若有人 能受持讀誦 廣爲人說 如來悉知是人 悉

견시인 개득성취불가량불가칭 무유변불가사의공
見是人 皆得成就不可量不可稱 無有邊不可思議功

덕 여시인등 즉위하담여래아뇩다라삼먁삼보리 하
德 如是人等 則爲荷擔如來阿耨多羅三藐三菩提 何

이고 수보리 약요소법자 착아견인견중생견수자견
以故 須菩提 若樂小法者 着我見人見衆生見壽者見

즉어차경 불능청수독송 위인해설 수보리 재재처
則於此經 不能聽受讀誦 爲人解說 須菩提 在在處

처 약유차경 일체세간천인아수라 소응공양 당지
處 若有此經 一切世間天人阿修羅 所應供養 當知

차처 즉위시탑 개응공경 작례위요 이제화향 이산
此處 則爲是塔 皆應恭敬 作禮圍繞 以諸華香 而散

기처
其處

제15 경전을 받아 지니는 공덕〔持經功德分〕

"수보리여!

어떤 선남자 선여인이 아침나절에 갠지스강의 모래
알 수만큼이나 수만 번 목숨을 바쳐 보시하고, 또 점심

나절에도 갠지스강의 모래알 수만큼이나 수만 번 목숨을 바쳐 보시하며, 저녁나절에도 역시 갠지스강의 모래알 수만큼이나 수만 번 목숨을 바쳐 보시했다고 하자. 그렇게 해서 자그마치 무량 백천만억 겁의 무수한 세월 동안 목숨을 바쳐 보시했다고 하자. 그렇더라도 만약 또 어떤 이가 이 경전 법문을 듣고 믿는 마음으로 비방하지 않는다면, 이 복이 저 수만 번 목숨을 바쳐 보시한 것보다 훨씬 더 많으리라. 그런데 하물며 경전을 직접 베껴 써서 받아들여 지니고 독송하며 남을 위해 해설해 주는 복이야 더 말할 나위가 있겠느냐!

수보리여! 요약해서 말하자면, 이 가르침에는 생각으로 헤아릴 수 없고 측량할 수 없을 만큼 한없이 큰 공덕이 있느니라. 여래는 대승의 마음을 낸 사람들을 위해 이 가르침을 설했으며, 최상승의 진리를 닦는 자들을 위해 이 법문을 설하는 것이니라.

만일 어떤 이가 능히 이 가르침을 받아들여 지니고 독송하며 널리 남을 위해 설명해준다면, 여래는 그 사람들을 전부 알고 다 보리니 모두 헤아릴 수 없고 측량할 수 없을 정도로 가없는 불가사의한 공덕을 성취할 것이니라. 그와 같은 사람들은 곧 여래의 위없이 가장 높고 바르며 원만한 최상의 깨달음(아뇩다라삼먁삼보리)을 감당하여 얻게 되리라. 무슨 까닭인가? 수보리여! 예컨대 신심이 부족한 자들은[38] 아견·인견·중생견·수자견에 집착하므로, 이 가르침을 듣고 받아들여 독송하며 남을 위해 해설해줄 수가 없기 때문이니라.

수보리여!

어디든 이 가르침이 전해지는 곳이 있다면 일체 모든 세계의 하늘천신과 인간·아수라들이 응당 공양하리라. 마땅히 그곳이 곧 탑을 모신 곳임을 알고, 모두 공경히 예배하며 주변을 돌고 그곳에 여러 꽃과 향을 흩뿌려 공양할 것이니라."

능정업장분 제십육
能淨業障分 第十六

부차 수보리 선남자선여인 수지독송차경 약위인
復次 須菩提 善男子善女人 受持讀誦此經 若爲人

---

38 약요소법자若樂小法者: 자칫 '소승법을 좋아하는 자'로 새길 수 있으나, 현장역에 '下劣信解有情(믿음과 이해 능력이 부족한 중생)'으로 직역한 점과 梵本을 참조하여 '신심이 부족한 자들'로 번역함.

한문·한글 역주 금강경

경천 시인 선세죄업 응타악도 이금세인경천고 선
輕賤 是人 先世罪業 應墮惡道 以今世人輕賤故 先

세죄업 즉위소멸 당득아뇩다라삼먁삼보리 수보리
世罪業 則爲消滅 當得阿耨多羅三藐三菩提 須菩提

아념 과거무량아승기겁 어연등불전 득치팔백사천
我念 過去無量阿僧祇劫 於燃燈佛前 得值八百四千

만억나유타제불 실개공양승사 무공과자 약부유인
萬億那由他諸佛 悉皆供養承事 無空過者 若復有人

어후말세 능수지독송차경 소득공덕 어아소공양제
於後末世 能受持讀誦此經 所得功德 於我所供養諸

불공덕 백분불급일 천만억분 내지산수비유 소불
佛功德 百分不及一 千萬億分 乃至算數譬喩 所不

능급 수보리 약선남자선여인 어후말세 유수지독
能及 須菩提 若善男子善女人 於後末世 有受持讀

송차경 소득공덕 아약구설자 혹유인문 심즉광란
誦此經 所得功德 我若具說者 或有人聞 心則狂亂

호의불신 수보리 당지시경의 불가사의 과보 역불
狐疑不信 須菩提 當知是經義 不可思議 果報 亦不

가사의
可思議

제16 업장을 깨끗이 맑히다〔能淨業障分〕

"다시 또 수보리여!

선남자 선여인이 이 가르침을 받아들여 지니고 독송
하는데도 남들에게 업신여김을 받는다면, 이는 그가 전
생에 지었던 죄업 때문이니라. 즉 마땅히 악도[39]에 떨어
져야 될 만한 업이지만, 금생에 남들의 천대를 받음으
로써 전생의 죄업이 소멸되고 반드시 아뇩다라삼먁삼
보리[40]를 얻을 것이니라.

수보리여!

내가 과거 한량없는 아승기[41] 겁[42]의 오랜 세월들을

---

39 악도惡道: 6군데 윤회하는 세계〔六道〕 가운데 지옥·아귀·축생의 3군데
   나쁜 세상을 三惡道라 함.

40 아뇩다라삼먁삼보리阿耨多羅三藐三菩提: 범어 Anuttara-samyak-
   saṃbodhi의 음역으로, 無上正等正覺 혹은 無上正等覺으로 한역. 위없
   이 가장 높고 바르며 원만한 최상의 깨달음〔無上正等正覺〕.

41 아승기阿僧祇: 범어 Asaṃkhya의 음역. 무수無數 또는 무앙수無央數로 한
   역. 인도에서 산수로 표현할 수 없을 만큼이나 많은 수를 나타내는 수
   개념.

42 겁劫: 범어 Kalpa의 음역으로 장시長時 또는 대시大時로 한역. 인간 세상
   4억3천2백만 년이 범천梵天의 하룻나절인데, 그것이 1겁에 해당된다

돌이켜 생각해보니, 연등불을 만나기 이전에도 무려 팔백사천만억 나유타[43]의 무수한 부처님들을 뵙고는 전부 다 지극히 공양하고 받들어 섬기며 그냥 헛되이 보내지 않았었느니라. 그렇지만 만일 또 어떤 사람이 뒷날 말법 세상에 이 가르침을 받아들여 지니고 독송한다면, 그가 얻게 될 공덕에 비해 내가 여러 부처님들께 공양 올린 공덕은 백 분의 일도 되지 않느니라. 뿐만 아니라 천만억 분의 일도 되지 못하고, 심지어 어떤 숫자나 비유로도 능히 비교가 안 되느니라.

수보리여!

만일 선남자 선여인이 뒷날 말법 세상에 이 가르침을 받아들여 지니고 독송하여 얻게 될 공덕을 내가 전부 상세히 말한다면, 혹 어떤 이는 듣고서 마음이 혼란스

___

함. 또 사방 둘레 40리쯤 되는 바위를 하늘천신이 하늘옷으로 3년마다 한 번씩 스쳐서, 그 바위가 다 닳아 없어지는 기간을 1소겁小劫이라고도 함. 그래서 20소겁이 되면 1중겁中劫이라 하고, 4중겁이 되면 1대겁大劫이라 함. 여기에서 '아승기 겁'이란 '아승기 수만큼의 무수한 겁劫'의 시간이니, 곧 헤아릴 수 없는 '무량 세월'을 뜻함.

43 나유타那由他: 범어 Nayuta의 음역. 인도에서 아주 많은 수를 표시하는 수량 단위. 수천만 혹은 천억 또는 만억으로 일정치 않으나, 아승기의 만 배 정도 해당된다고 함.

러워 의심 많은 여우처럼 믿지 않으리라. 수보리여, 마
땅히 알라! 이 가르침의 뜻은 하도 깊어서 생각으로 헤
아릴 수 없으며, 과보도 역시 생각으로 헤아릴 수 없을
정도로 불가사의하니라."

구경무아분 제십칠
究竟無我分 第十七

이시 수보리백불언 세존 선남자선여인 발아뇩다
爾時 須菩提白佛言 世尊 善男子善女人 發阿耨多

라삼먁삼보리심 운하응주 운하항복기심
羅三藐三菩提心 云何應住 云何降伏其心

불고수보리 약[44]선남자선여인 발아뇩다라삼먁삼
佛告須菩提 若 善男子善女人 發阿耨多羅三藐三

보리심자[45] 당생여시심 아응멸도일체중생 멸도일
菩提心者 當生如是心 我應滅度一切衆生 滅度一

---

44 현재 유통되는 『금강경』(구마라즙 역) 가운데 '善男子善女人' 앞에 '若'字
　 가 있는 것(宋本·明本·世祖本)과 '若'字가 없는 것(해인사본·대정본·조계
　 종표준본) 2가지가 있는데, 여기서는 전자를 따름.
45 현재 유통되는 『금강경』(구마라즙 역) 가운데 '發阿耨多羅三藐三菩提心
　 者'로 된 것(宋本·明本·世祖本)과 '發阿耨多羅三藐三菩提者'로 된 것(해인
　 사본·대정본·조계종표준본) 2가지가 있는데, 여기서는 전자를 따름.

체중생이 이무유일중생 실멸도자 하이고 수보리
切衆生已 而無有一衆生 實滅度者 何以故 須菩提

약보살 유아상인상중생상수자상 즉비보살 소이자
若菩薩 有我相人相衆生相壽者相 則非菩薩 所以者

하 수보리 실무유법 발아뇩다라삼먁삼보리심자[46]
何 須菩提 實無有法 發阿耨多羅三藐三菩提心者

수보리 어의운하 여래어연등불소 유법득아뇩다라
須菩提 於意云何 如來於燃燈佛所 有法得阿耨多羅

삼먁삼보리부
三藐三菩提不

불야세존 여아해불소설의 불어연등불소 무유법득
不也世尊 如我解佛所說義 佛於燃燈佛所 無有法得

아뇩다라삼먁삼보리
阿耨多羅三藐三菩提

불언 여시여시 수보리 실무유법여래득아뇩다라삼
佛言 如是如是 須菩提 實無有法如來得阿耨多羅三

먁삼보리 수보리 약유법여래득아뇩다라삼먁삼보
藐三菩提 須菩提 若有法如來得阿耨多羅三藐三菩

리자 연등불 즉불여아수[47]기 여어래세 당득작불
提者 燃燈佛 則不與我授 記 汝於來世 當得作佛

---

46 上同

47 현재 유통되는 『금강경』(구마라즙 역) 가운데 '授'字로 된 것(宋本·明本·
世祖本)과 '受'字로 된 것(해인사本·대정本·조계종표준本) 2가지가 있는데,
여기서는 전자를 따름.

호석가모니 이실무유법득아뇩다라삼먁삼보리 시
號釋迦牟尼 以實無有法得阿耨多羅三藐三菩提 是

고 연등불 여아수[48]기 작시언 여어래세 당득작불
故 燃燈佛 與我授 記 作是言 汝於來世 當得作佛

호석가모니 하이고 여래자 즉제법여의 약유인언
號釋迦牟尼 何以故 如來者 卽諸法如義 若有人言

여래득아뇩다라삼먁삼보리 수보리 실무유법불득
如來得阿耨多羅三藐三菩提 須菩提 實無有法佛得

아뇩다라삼먁삼보리 수보리 여래소득아뇩다라삼
阿耨多羅三藐三菩提 須菩提 如來所得阿耨多羅三

먁삼보리 어시중 무실무허 시고 여래설일체법 개
藐三菩提 於是中 無實無虛 是故 如來說一切法 皆

시불법 수보리 소언일체법자 즉비일체법 시고 명
是佛法 須菩提 所言一切法者 卽非一切法 是故 名

일체법 수보리 비여인신장대
一切法 須菩提 譬如人身長大

수보리언 세존 여래설인신장대 즉위비대신 시명
須菩提言 世尊 如來說人身長大 則爲非大身 是名

대신
大身

수보리 보살역여시 약작시언 아당멸도무량중생
須菩提 菩薩亦如是 若作是言 我當滅度無量衆生

---

48 上同

한문·한글 역주 금강경

즉불명보살 하이고 수보리 실무유법명위보살 시
則不名菩薩 何以故 須菩提 實無有法名爲菩薩 是

고 불설일체법 무아무인무중생무수자 수보리 약
故 佛說一切法 無我無人無衆生無壽者 須菩提 若

보살작시언 아당장엄불토 시불명보살 하이고 여
菩薩作是言 我當莊嚴佛土 是不名菩薩 何以故 如

래설장엄불토자 즉비장엄 시명장엄 수보리 약보
來說莊嚴佛土者 卽非莊嚴 是名莊嚴 須菩提 若菩

살 통달무아법자 여래설명진시보살
薩 通達無我法者 如來說名眞是菩薩

제17 궁극의 경지인 무아[究竟無我分]

그때 수보리가 부처님께 여쭈었다.

"세존이시여!

선남자 선여인이 위없이 가장 높고 바르며 원만한 최
상의 깨달음(아뇩다라삼먁삼보리)을 이루고자 마음을 내
었으면, 마땅히 어떻게 마음을 머물러 가져야 하며 어
떻게 마음을 다스려야 합니까?"

부처님께서 수보리에게 이르시었다.

"만일 선남자 선여인이 위없이 가장 높고 바르며 원만한 최상의 깨달음(아뇩다라삼먁삼보리)을 이루고자 마음먹었다면, '내 응당 일체 모든 중생들을 열반으로 제도하리라'고 이렇게 마음을 내어야 하느니라. 그리고 일체 모든 중생들을 열반으로 제도한 다음에는 '실로 한 중생도 열반으로 제도한 이가 없다'고 해야 하느니라. 수보리여, 왜냐하면 만일 보살이 아상·인상·중생상·수자상이 있다면 곧 보살이 아니기 때문이니라. 무슨 까닭인가? 수보리여, 실로 위없이 가장 높고 바르며 원만한 최상의 깨달음(아뇩다라삼먁삼보리)을 이루고자 마음을 낼 법이 따로 없기 때문이니라.

수보리여, 어떻게 생각하는가? 여래가 연등불 회상에서 위없이 가장 높고 바르며 원만한 최상의 깨달음(아뇩다라삼먁삼보리)을 얻은 법이 있느냐?"

"아닙니다, 세존이시여!
제가 부처님의 말씀하신 뜻을 이해하기로는, 부처님은 연등불 회상에서 위없이 가장 높고 바르며 원만한 최상의 깨달음(아뇩다라삼먁삼보리)을 얻으신 법이 없습니다."

부처님께서 말씀하셨다.

"그래그래, 수보리여! 실로 여래가 위없이 가장 높고 바르며 원만한 최상의 깨달음(아뇩다라삼먁삼보리)을 얻은 어떤 법도 없느니라.

수보리여!

만일 여래가 위없이 가장 높고 바르며 원만한 최상의 깨달음(아뇩다라삼먁삼보리)을 얻은 법이 있었다면, 연등불께서 '그대는 미래 세상에 마땅히 부처가 되어 석가모니불이 되리라'며 나에게 수기를 주시지 않았을 것이니라. 그러나 실로 위없이 가장 높고 바르며 원만한 최상의 깨달음(아뇩다라삼먁삼보리)을 얻은 어떤 법도 없었기 때문에, 연등불께서 '그대는 미래 세상에 마땅히 부처가 되어 석가모니불이 되리라'며 나에게 수기를 주셨던 것이니라. 왜냐하면 '여래如來'라 함은 곧 '모든 법 그대로 진여眞如'의 뜻이기 때문이니라.

그런데 혹 어떤 이는 '여래가 위없이 가장 높고 바르며 원만한 최상의 깨달음(아뇩다라삼먁삼보리)을 얻었다'고 말하기도 하리라.[49] 그러나 수보리여, 붓다가 위

---

49 구마라즙 번역본 이외의 현장과 보리유지·진제·의정의 번역본과 梵本

없이 가장 높고 바르며 원만한 최상의 깨달음(아뇩다라
삼먁삼보리)을 얻은 법이 실로 없느니라.

수보리여!

여래가 얻은 위없이 가장 높고 바르며 원만한 최상의
깨달음(아뇩다라삼먁삼보리)에는 참됨도 없고 허망함도
없느니라. 그러므로 여래는 '일체법 그대로가 다 불법'
이라 설했느니라. 수보리여! 이른바 일체법이란 곧 일
체법이 아니어서, 그러므로 일체법이라 일컬은 것이니
라. 수보리여, 비유하자면 사람의 몸이 크고 위대하다
고 한 경우와 같으니라."

수보리가 대답하였다.

"세존이시여!

여래께서 사람의 몸이 크고 위대하다는 것은 곧 크고
위대한 몸이 아님을 말씀하시어, 크고 위대한 몸이라
일컬으신 것이옵니다."

에는 '여래가 아뇩다라삼먁삼보리를 얻었다고 말한다면, 옳지 않으며
부처를 비방함이 된다'란 내용이 나옴. 그러나 구마라즙 역본에는 나오
지 않아서 여기서도 생략함.

한문·한글 역주 금강경

"수보리여! 보살도 또한 그와 같아서 '내가 마땅히 한량없는 중생들을 제도하겠다'고 한다면 곧 보살이라 부르지 못하느니라. 수보리여, 왜냐하면 보살이라 이름할 어떤 법도 실로 없기 때문이니라. 그러므로 붓다는 '일체법에 아상도 없고 인상도 없으며 중생상도 없고 수자상도 없다'고 말한 것이니라.

수보리여!

만일 보살이 '내가 마땅히 불국토를 장엄하겠다'고 한다면 그도 보살이라 부르지 못하느니라. 왜냐하면 여래가 불국토를 장엄한다는 것은 곧 장엄하는 것이 아님을 말하여, 장엄한다고 일컬은 것이기 때문이니라.

수보리여! 만일 보살이 무아의 이치를 확실히 통달한다면, 여래는 그를 '진정한 보살'이라 부르느니라."

일체동관분 제십팔
一體同觀分 第十八

수보리 어의운하 여래유육안부
須菩提 於意云何 如來有肉眼不

여시세존 여래유육안
如是世尊 如來有肉眼

수보리 어의운하 여래유천안부
須菩提 於意云何 如來有天眼不

여시세존 여래유천안
如是世尊 如來有天眼

수보리 어의운하 여래유혜안부
須菩提 於意云何 如來有慧眼不

여시세존 여래유혜안
如是世尊 如來有慧眼

수보리 어의운하 여래유법안부
須菩提 於意云何 如來有法眼不

여시세존 여래유법안
如是世尊 如來有法眼

수보리 어의운하 여래유불안부
須菩提 於意云何 如來有佛眼不

여시세존 여래유불안
如是世尊 如來有佛眼

수보리 어의운하 여⁵⁰항하중소유사 불설시사부
須菩提 於意云何 如　 恒河中所有沙 佛說是沙不

---

50 현재 유통되는 『금강경』(구마라즙 역) 가운데 '如'字가 없는 것(해인사본·
　　대정본)과 '如'字가 있는 것(明本·淸本·梵本·조계종표준본) 2가지가 있는
　　데, 여기서는 후자를 따름.

　　　　　　　　한문·한글 역주 금강경

여시세존 여래설시사
如是世尊 如來說是沙

수보리 어의운하 여일항하중소유사 유여시사⁵¹등
須菩提 於意云何 如一恒河中所有沙 有如是沙   等

항하 시제항하소유사수 불세계여시 영위다부
恒河 是諸恒河所有沙數 佛世界如是 寧爲多不

심다세존
甚多世尊

불고수보리 이소국토중 소유중생 약간종심 여래
佛告須菩提 爾所國土中 所有衆生 若干種心 如來

실지 하이고 여래설제심 개위비심 시명위심 소이
悉知 何以故 如來說諸心 皆爲非心 是名爲心 所以

자하 수보리 과거심불가득 현재심불가득 미래심
者何 須菩提 過去心不可得 現在心不可得 未來心

불가득
不可得

---

51 현재 유통되는 『금강경』(구마라즙 역) 가운데 '如是' 다음에 '沙'字가 있
  는 것(明本·世祖本)과 '沙'字가 없는 것(해인사본·대정본·조계종표준본) 2
  가지가 있는데, 여기서는 전자를 따름.

제18 온갖 것을 하나로 꿰뚫어 보다〔一體同觀分〕

"수보리여, 어떻게 생각하는가?
여래에게 육안[52]이 있느냐?"

"그렇습니다, 세존이시여!
여래에게 육신의 눈〔肉眼〕이 있습니다."

"수보리여, 어떻게 생각하는가?
여래에게 천안[53]이 있느냐?"

"그렇습니다, 세존이시여!
여래에게 하늘의 눈〔天眼〕이 있습니다."

"수보리여, 어떻게 생각하는가?

---

52 육안肉眼: 보통 중생들 신체에 있는 육신의 눈(형상이 있는 것만을 보며, 가
까운 것은 볼 수 있으나 먼 것은 보지 못함.)

53 천안天眼: 하늘천신의 신통력으로 보는 눈(자연의 질서를 파악했으나 아직
지혜를 터득하지 못함.)

한문·한글 역주 금강경

여래에게 혜안[54]이 있느냐?"

"그렇습니다, 세존이시여!
여래에게 지혜의 눈〔慧眼〕이 있습니다."

"수보리여, 어떻게 생각하는가?
여래에게 법안[55]이 있느냐?"

"그렇습니다, 세존이시여!
여래에게 진리의 눈〔法眼〕이 있습니다."

"수보리여, 어떻게 생각하는가?
여래에게 불안[56]이 있느냐?"

"그렇습니다, 세존이시여!
여래에게 깨달음의 눈〔佛眼〕이 있습니다."

---

54 혜안慧眼: 존재의 반야 공성을 보는 지혜의 눈(이치를 깨달아 형상에 속지
    않으며, 어리석은 생각에 빠지지 않음.)

55 법안法眼: 일체법을 밝게 비추어 진실을 통찰한 진리의 눈.

56 불안佛眼: 제법 실상을 깨달은 붓다〔覺者〕의 깨달음의 눈.

"수보리여, 어떻게 생각하는가?

저 갠지스강의 모래알에 대해 붓다가 말한 적이 있느냐?"

"그렇습니다, 세존이시여!

여래께서는 그 모래알에 대해 말씀하셨습니다."

"수보리여, 어떻게 생각하는가?

하나의 갠지스강에 있는 모래알 수만큼의 무수한 갠지스강들이 있다고 하자. 그리고 그 무수한 갠지스강들에 있는 모래알 수만큼의 수많은 부처님 세계들이 있다면, 그 세계들은 얼마나 되겠느냐?"

"엄청나게 많겠습니다, 세존이시여!"

부처님께서 수보리에게 이르시었다.

"그 많고 많은 세계 국토에 있는 중생들의 갖가지 마음을 여래는 다 알고 있느니라. 왜냐하면 여래는 갖가지 마음들이 모두 다 마음이 아님을 말하여 마음이

라 일컬은 것이기 때문이니라. 무슨 까닭인가? 수보리

여! 이를테면 과거의 마음도 얻을 수 없고, 현재의 마음

도 얻을 수 없으며, 미래의 마음도 얻을 수 없기 때문이

니라."

법계통화분 제십구
法界通化分 第十九

수보리 어의운하 약유인 만삼천대천세계칠보 이
須菩提 於意云何 若有人 滿三千大千世界七寶 以

용보시 시인 이시인연 득복다부
用布施 是人 以是因緣 得福多不

여시세존 차인 이시인연 득복심다
如是世尊 此人 以是因緣 得福甚多

수보리 약복덕유실 여래불설득복덕다 이복덕무고
須菩提 若福德有實 如來不說得福德多 以福德無故

여래설득복덕다
如來說得福德多

제19 법계를 두루 교화하다〔法界通化分〕

"수보리여, 어떻게 생각하는가?

어떤 이가 삼천대천세계 온 우주에 금은보화 7가지 보배를 가득 채워 보시한다면, 그 사람은 그렇게 보시한 인연으로 복을 많이 얻겠느냐?"

"예, 세존이시여!

그 사람은 그렇게 보시한 인연으로 매우 많은 복을 얻을 것입니다."

"수보리여!

만일 복덕이 실로 있는 것이라면, 여래가 '복덕을 많이 얻는다'고 말하지 않았을 것이니라. 하지만 복덕이 (한정이) 없기 때문에, 여래는 '복덕을 많이 얻는다'고 말한 것이니라."

이색이상분 제이십
離色離相分 第二十

수보리 어의운하 불가이구족색신견부
須菩提 於意云何 佛可以具足色身見不

불야세존 여래불응이구족색신견 하이고 여래설구
不也世尊 如來不應以具足色身見 何以故 如來說具

족색신 즉비구족색신 시명구족색신
足色身 卽非具足色身 是名具足色身

수보리 어의운하 여래가이구족제상견부
須菩提 於意云何 如來可以具足諸相見不

불야세존 여래불응이구족제상견 하이고 여래설제
不也世尊 如來不應以具足諸相見 何以故 如來說諸

상구족 즉비구족 시명제상구족
相具足 卽非具足 是名諸相具足

제20 형상과 모양을 떠나 여래를 보라 〔離色離相分〕

"수보리여, 어떻게 생각하는가?

붓다를 원만하게 잘생긴 형상으로써 볼 수 있겠
느냐?"

"아닙니다, 세존이시여!

여래를 원만하게 잘생긴 형상만 가지고 볼 수는 없습니다. 왜냐하면 여래께서 원만하게 잘생긴 형상은 곧 원만하게 잘생긴 형상이 아님을 말씀하시어, 원만하게 잘생긴 형상이라 일컬으셨기 때문입니다."

"수보리여, 어떻게 생각하는가?

여래를 (32가지) 거룩한 상호를 갖춘 것으로써 볼 수 있겠느냐?"

"아닙니다, 세존이시여! 여래를 거룩한 상호를 갖춘 것만 가지고 볼 수는 없습니다. 왜냐하면 여래께서 거룩한 상호를 갖춘 것은 곧 거룩한 상호를 갖춘 것이 아님을 말씀하시어, 거룩한 상호를 갖춘 것이라 일컬으셨기 때문입니다."

비설소설분 제이십일
非說所說分 第二十一

수보리 여물위여래작시념 아당유소설법 막작시념
須菩提 汝勿謂如來作是念 我當有所說法 莫作是念

하이고 약인언 여래유소설법 즉위방불 불능해아
何以故 若人言 如來有所說法 卽爲謗佛 不能解我

소설고 수보리 설법자 무법가설 시명설법
所說故 須菩提 說法者 無法可說 是名說法

이시 혜명수보리 백불언 세존 파유중생 어미래세
爾時 慧命須菩提 白佛言 世尊 頗有衆生 於未來世

문설시법 생신심부
聞說是法 生信心不

불언 수보리 피비중생 비불중생 하이고 수보리 중
佛言 須菩提 彼非衆生 非不衆生 何以故 須菩提 衆

생중생자 여래설비중생 시명중생
生衆生者 如來說非衆生 是名衆生

제21 설해도 설한 것이 아니다[非說所說分]

"수보리여! 그대는 여래가 생각하기를, '내가 설한 법이
있다'고 여길 것이라 이르지 말라. 그런 생각을 하지 말

지니라. 왜냐하면 누군가 '여래께서 설하신 법이 있다'고 말한다면 곧 부처님을 비방하는 셈이 되나니, 내가 말한 뜻을 제대로 이해하지 못했기 때문이니라.

수보리여, 설법이란 가히 설할 법이 없음을 '설법'이라 일컫는 것이니라."

그때 혜명[57] 수보리가 부처님께 여쭈었다.

"세존이시여!

과연 중생이 먼 미래 세상에 이 법을 듣고 신심을 낼 수나 있겠습니까?"

부처님께서 말씀하셨다.

"수보리여, 그들은 중생이 아니며 중생이 아닌 것도 아니니라. 왜 그러한가? 수보리여! 중생 중생이라 함도 여래는 중생이 아님을 말하여, 중생이라 일컬은 것이기 때문이니라."

---

57 혜명慧命: 수보리 존자를 가리키는 별칭. 空의 이치를 깊이 깨달아 '解空第一'로 불리운 수보리는 空性의 지혜를 목숨(생명)으로 삼아서 '慧命'이라 일컬음.

무법가득분 제이십이
無法可得分 第二十二

수보리백불언 세존 불득아뇩다라삼먁삼보리 위무
須菩提白佛言 世尊 佛得阿耨多羅三藐三菩提 爲無

소득야
所得耶

불언[58] 여시여시 수보리 아어아뇩다라삼먁삼보리
佛言　如是如是 須菩提 我於阿耨多羅三藐三菩提

내지무유소법가득 시명아뇩다라삼먁삼보리
乃至無有少法可得 是名阿耨多羅三藐三菩提

제22 얻을 수 없는 법〔無法可得分〕

수보리가 부처님께 여쭈었다.

"세존이시여!

부처님께서 위없이 가장 높고 바르며 원만한 최상의
깨달음(아뇩다라삼먁삼보리)을 얻으심은 얻은 게 없다는

---

58 현재 유통되는 『금강경』(구마라즙 역) 가운데 '佛言'句가 있는 것(明本·
　淸本·世祖本·梵本·조계종표준본)과 '佛言'句가 없는 것(해인사本·대정본) 2
　가지가 있는데, 여기서는 전자를 따름.

것입니까?"⁵⁹

부처님께서 말씀하셨다.

"그래그래, 수보리여!

내가 위없이 가장 높고 바르며 원만한 최상의 깨달음
(아뇩다라삼먁삼보리)에서 얻었다 할 만한 어떤 작은 법
도 없기에, 위없이 가장 높고 바르며 원만한 최상의 깨
달음(아뇩다라삼먁삼보리)이라 일컫는 것이니라."

정심행선분 제이십삼
淨心行善分 第二十三

부차 수보리 시법평등 무유고하 시명아뇩다라삼
復次 須菩提 是法平等 無有高下 是名阿耨多羅三

막삼보리 이무아무인무중생무수자 수일체선법 즉
藐三菩提 以無我無人無衆生無壽者 修一切善法 則

---

59 梵本과 현장 역본에 의하면 부처님께서 수보리에게 '여래가 아뇩다라
삼먁삼보리를 증득한 어떤 법이 있느냐?'고 먼저 묻자, 이에 수보리가
'여래께서 무상정등각을 증득한 어떤 법도 없다'고 대답함. 그런데 구마
라즙 역본에는 이를 수보리가 축약해서 질문하는 형식으로 되어있음.

한문·한글 역주 금강경

득아뇩다라삼먁삼보리 수보리 소언선법자 여래설
得阿耨多羅三藐三菩提 須菩提 所言善法者 如來說

즉⁶⁰비선법 시명선법
卽 非善法 是名善法

제23 맑게 텅 빈 마음으로 선법을 닦으라[淨心行善分]

"다시 또 수보리여!

　이 법은 평등하여 높고 낮음이 없어서, 위없이 가장 높고 바르며 원만한 최상의 깨달음(아뇩다라삼먁삼보리)이라 일컫느니라. 즉 아상·인상·중생상·수자상 없이 텅 빈 마음으로 일체 선법⁶¹을 닦는다면, 곧 위없이 가장 높고 바르며 원만한 최상의 깨달음(아뇩다라삼먁삼보리)을 얻으리라. 수보리여! 이른바 선법이란 것도 여

60　현재 유통되는 『금강경』(구마라즙 역) 가운데 '卽'字 없이 '如來說非善法'으로 된 것(해인사본·대정본)과 '如來說卽非善法'으로 된 것(明本·淸本·世祖本·조계종표준본) 2가지가 있는데, 여기서는 후자를 따름.

61　선법善法: 범어 kuśala dharma. 능숙하게 깊이 익혀진 수련법을 의미함. 즉 팔정도의 정정진 또는 지혜로운 마음챙김 등을 통해, 해탈 열반(무상정등각)으로 인도하는 법을 가리킴. 또한 相을 내지 않고 선행을 실천하는 보살도 수행을 가리키기도 함.

래는 곧 선법이 아님을 말하여 선법이라 일컬은 것이
니라.”

복지무비분 제이십사
福智無比分 第二十四

수보리 약삼천대천세계중 소유제수미산왕 여시등
須菩提 若三千大千世界中 所有諸須彌山王 如是等

칠보취 유인 지용보시 약인 이차반야바라밀경 내
七寶聚 有人 持用布施 若人 以此般若波羅蜜經 乃

지사구게등 수지독송 위타인설 어전복덕 백분불
至四句偈等 受持讀誦 爲他人說 於前福德 百分不

급일 백천만억분 내지산수비유 소불능급
及一 百千萬億分 乃至算數譬喻 所不能及

제24 복과 지혜는 비교가 안 된다[福智無比分]

“수보리여!

만일 삼천대천세계 온 우주 가운데 산들의 왕인 커
다란 수미산들을 합친 양만큼의 엄청난 금은보화 7가
지 보배 무더기를 가지고 누군가 보시했다 하자. 그런

데 어떤 사람은 이 반야바라밀경에서 하다못해 4구절의 게송 하나라도 받아들여 지니고 독송하며 다른 사람을 위해 일러준다면, 이 복덕에 비해 앞서 보배를 보시한 복덕은 백분의 일도 되지 않느니라. 뿐만 아니라 백천만억분의 일도 되지 못하고, 심지어 어떤 숫자나 비유로도 능히 비교가 안 되느니라."

화무소화분 제 이십오
化無所化分 第二十五

수보리 어의운하 여등물위여래작시념 아당도중생
須菩提 於意云何 汝等勿謂如來作是念 我當度衆生

수보리 막작시념 하이고 실무유중생여래도자 약
須菩提 莫作是念 何以故 實無有衆生如來度者 若

유중생여래도자 여래즉유아인중생수자 수보리 여
有衆生如來度者 如來則有我人衆生壽者 須菩提 如

래설유아자 즉비유아 이범부지인 이위유아 수보
來說有我者 則非有我 而凡夫之人 以爲有我 須菩

리 범부자 여래설즉비범부 시명범부[62]
提 凡夫者 如來說則非凡夫 是名凡夫

---

62 현재 유통되는 『금강경』(구마라즙 역) 가운데 '如來說則非凡夫' 다음에 '是名凡夫' 句가 없는 것(해인사본·대정본·조계종표준본)과 '是名凡夫' 句가

제25 교화하되 교화된 자가 없다〔化無所化分〕

"수보리여, 어떻게 생각하는가?

그대들은 혹여 여래가 '내 마땅히 중생을 제도했도다' 여길 것이라 말하지 말라. 수보리여, 그렇게 생각해서는 안 되느니라. 왜냐하면 여래가 제도한 중생이 실로 없기 때문이니라. 만약 여래가 제도한 중생이 있다고 한다면, 여래에게도 곧 아상·인상·중생상·수자상이 있는 셈이니라.

수보리여!

여래가 자아가 있다고 말한 것은 곧 자아가 있다는 뜻이 아닌데, 어리석은 범부들은 그것으로써 자아가 있다고 여기느니라. 수보리여! 어리석은 범부라 함도 여래는 어리석은 범부가 아님을 말하여 어리석은 범부라 일컬은 것이니라."

있는 것(宋本·元本·明本·世祖本·梵本) 2가지가 있는데, 여기서는 후자를 따름.

법신비상분 제이십육
法身非相分 第二十六

수보리 어의운하 가이삼십이상 관여래부
須菩提 於意云何 可以三十二相 觀如來不

수보리언 여시여시 이삼십이상 관여래
須菩提言 如是如是 以三十二相 觀如來

불언 수보리 약이삼십이상 관여래자 전륜성왕 즉
佛言 須菩提 若以三十二相 觀如來者 轉輪聖王 則

시여래
是如來

수보리백불언 세존 여아해불소설의 불응이삼십이
須菩提白佛言 世尊 如我解佛所說義 不應以三十二

상 관여래
相 觀如來

이시 세존 이설게언 약이색견아 이음성구아 시인
爾時 世尊 而說偈言 若以色見我 以音聲求我 是人

행사도 불능견여래
行邪道 不能見如來

제26 여래의 참모습은 모양이 아니다[法身⁶³非相分]

"수보리여, 어떻게 생각하는가?
 32가지 거룩한 상호로써 여래를 볼 수 있겠느냐?"

 수보리가 대답하였다.
 "예, 그렇습니다. 32가지 거룩한 상호로써 여래를 볼
수 있습니다."⁶⁴

 부처님께서 말씀하셨다.
 "수보리여! 만일 32가지 거룩한 상호만 가지고 여래
라 본다면, 전륜성왕⁶⁵도 곧 여래이겠구나."

---

63 법신法身: 법계의 이치[理]에 해당하는 여래의 참모습. 색깔도 형상도
   없는 진여불성의 무량무변한 우주의 본체를 인격화하여 법신불이라
   함. 곧 모든 생명의 근본 실상.
64 梵本과 현장 역본에 의하면 수보리가 '32가지 거룩한 상호로써 여래를
   볼 수 없다'고 대답하며, 이에 대해 부처님께서도 맞다고 인정하심. 그
   런데 구마라즙 역본에서는 일부러 수보리의 틀린 답변을 통해, 부처님
   께서 겉모습에 속으면 안 된다는 취지를 더욱 강조하는 형식을 취함.
65 전륜성왕轉輪聖王: 부처님과 같이 32상을 갖춘 인도 전래의 전설적인

수보리가 부처님께 사뢰었다.

"세존이시여!

제가 부처님의 말씀하신 뜻을 이해하기로는, 32가지 거룩한 상호만 가지고 여래라 볼 수 없겠습니다."

그때 세존께서 게송으로 말씀하셨다.

"만약 형상으로써 여래를 보려 하거나

음성으로써 여래를 구하려 한다면,

이는 삿된 도를 닦는 것이니

능히 여래를 볼 수 없으리라!"

무단무멸분 제이십칠
無斷無滅分 第二十七

수보리 여약작시념 여래불[56]이구족상고 득아뇩다
須菩提 汝若作是念 如來不 以具足相故 得阿耨多

왕. 즉위할 때 하늘로부터 윤보輪寶를 얻어, 무력을 사용하지 않고 윤보를 굴리면서 인간 세상을 포함한 수미산의 사주(四州 : 南섬부주·北구로주·西우화주·東승신주)를 정의와 덕으로 다스림.

라삼먁삼보리 수보리 막작시념 여래불이구족상
羅三藐三菩提 須菩提 莫作是念 如來不以具足相

고 득아뇩다라삼먁삼보리 수보리 여[67]약작시념 발
故 得阿耨多羅三藐三菩提 須菩提 汝 若作是念 發

아뇩다라삼먁삼보리심자[68] 설제법단멸[69] 막작시
阿耨多羅三藐三菩提心者 說諸法斷滅 莫作是

념 하이고 발아뇩다라삼먁삼보리심자 어법 불설
念 何以故 發阿耨多羅三藐三菩提心者 於法 不說

단멸상
斷滅相

---

66 梵本이나 眞諦·菩提流支·玄奘의 譯本에는 '不'字가 없고 구마라즙 譯
   本에만 있음. 梵本의 번역 내용을 고려하여 '不'字를 '得'字에 새김.(김용
   옥 지음, 금강경 강해, 통나무, 2000, p.343 참조)

67 현재 유통되는 『금강경』(구마라즙 역) 가운데 '汝'字가 없는 것(해인사
   本·대정本)과 '汝'字가 있는 것(宋本·元本·明本·조계종표준本) 2가지가 있
   는데, 여기서는 후자를 따름.

68 현재 유통되는 『금강경』(구마라즙 역) 가운데 '者'앞에 '心'字가 있는 것
   (宋本·元本·明本)과 '心'字가 없는 것(해인사本·대정本·조계종표준本) 2가
   지가 있는데, 여기서는 전자를 따름.

69 현재 유통되는 『금강경』(구마라즙 역) 가운데 '斷滅相'의 '相'字가 없는
   것(宋本·元本·明本)과 '相'字가 있는 것(해인사本·대정本·조계종표준本) 2
   가지가 있는데, 여기서는 전자를 따름.

제27 깨달음(열반)은 단멸의 뜻이 아니다[無斷無滅分]

"수보리여!

그대는 혹 '여래가 좋은 상호를 훌륭하게 갖추었기 때문에, 가장 높고 바르며 원만한 최상의 깨달음(아뇩다라삼먁삼보리)을 얻은 게 아닌가'라고 생각하는가? 수보리여, 절대 그렇게 생각하지 말라! 여래가 좋은 상호를 훌륭하게 갖추었기 때문에, 위없이 가장 높고 바르며 원만한 최상의 깨달음(아뇩다라삼먁삼보리)을 얻은 것이 아니니라.

수보리여!

그대가 혹 '가장 높고 바르며 원만한 최상의 깨달음(아뇩다라삼먁삼보리)을 이루고자 마음먹은 자는 모든 것이 단절되고 소멸되어 아주 없음을 주장한다'고 생각한다면, 절대 그렇게 생각해서도 안 되느니라. 왜냐하면 가장 높고 바르며 원만한 최상의 깨달음(아뇩다라삼먁삼보리)을 이루고자 마음먹은 자는 어떤 것이 단절되고 소멸되어 아주 없는 모양도 주장하지 않기 때문이니라."

불수불탐분 제이십팔
不受不貪分 第二十八

수보리 약보살 이만항하사등세계칠보 지용[70]보시
須菩提 若菩薩 以滿恒河沙等世界七寶 持用 布施

약부유인 지일체법무아 득성어인 차보살 승전보
若復有人 知一切法無我 得成於忍 此菩薩 勝前菩

살소득공덕 하이고[71] 수보리 이제보살 불수복덕고
薩所得功德 何以故 須菩提 以諸菩薩 不受福德故

수보리백불언 세존 운하보살 불수복덕
須菩提白佛言 世尊 云何菩薩 不受福德

수보리 보살 소작복덕 불응탐착 시고 설불수복덕
須菩提 菩薩 所作福德 不應貪着 是故 說不受福德

---

70 현재 유통되는 『금강경』(구마라즙 역) 가운데 '持用'이 없는 것(해인사本·
대정本)과 '持用'이 있는 것(宋本·元本·明本·조계종표준本) 2가지가 있는
데, 여기서는 후자를 따름.

71 현재 유통되는 『금강경』(구마라즙 역) 가운데 '何以故'가 없는 것(해인사
本·대정本·조계종표준本)과 '何以故'가 있는 것(宋本·明本·世祖本) 2가지
가 있는데, 여기서는 후자를 따름.

제28 공덕을 받지도 탐내지도 않는다〔不受不貪分〕

"수보리여!

만일 어떤 보살이 갠지스강 모래알 수만큼이나 한량 없이 많은 세계들에 금은보화 7가지 보배를 가득 채워 보시한다고 하자. 그런데 또 어떤 이가 일체법이 무아 임을 알고 참다운 인욕〔忍〕[72]을 성취한다면, 이 보살은 앞서 금은보화 7가지 보배를 보시한 보살의 공덕보다 도 훨씬 더 뛰어난 공덕을 얻으리라.

무슨 까닭인가? 수보리여, 그 보살들은 복덕을 받지 않기 때문이니라."

수보리가 부처님께 여쭈었다.
"세존이시여, 어찌하여 보살이 복덕을 받지 않는다는 것입니까?"

---

72 인忍: 참다운 인욕은 空의 이치를 사무침으로써 완성됨.(여기에서 더 나 아가면 본래 생사가 없는 無生法忍에 이르름.)

"수보리여!

보살은 지은 복덕에 응당 탐내거나 집착하지 않기에, 그러므로 '복덕을 받지 않는다'고 한 것이니라."

위의적정분 제이십구
威儀寂靜分 第二十九

수보리 약유인언 여래 약래약거약좌약와 시인 불
須菩提 若有人言 如來 若來若去若坐若臥 是人 不

해아소설의 하이고 여래자 무소종래 역무소거 고
解我所說義 何以故 如來者 無所從來 亦無所去 故

명여래
名如來

제29 부처님 위의는 본래 고요하다 〔威儀寂靜分〕

"수보리여!

어떤 사람이 '여래는 오기도 하고 가기도 하며 앉기도 하고 눕기도 한다'고 말한다면, 그 사람은 내가 말한 뜻을 제대로 이해하지 못한 것이니라. 왜냐하면 여래란 어디로부터 오는 것도 아니고 가는 것도 아니기 때문이니, 그래서 '여래'[73]라고 일컫는 것이니라."

일합이상분 제삼십
一合理相分 第三十

수보리 약선남자선여인 이삼천대천세계 쇄위미진
須菩提 若善男子善女人 以三千大千世界 碎爲微塵

어의운하 시미진중 영위다부
於意云何 是微塵衆 寧爲多不

심다세존 하이고 약시미진중실유자 불즉불설시미
甚多世尊 何以故 若是微塵衆實有者 佛則不說是微

진중 소이자하 불설미진중 즉비미진중 시명미진
塵衆 所以者何 佛說微塵衆 則非微塵衆 是名微塵

중 세존 여래소설삼천대천세계 즉비세계 시명세
衆 世尊 如來所說三千大千世界 則非世界 是名世

계 하이고 약세계실유자 즉시일합상 여래설일합
界 何以故 若世界實有者 則是一合相 如來說一合

상 즉비일합상 시명일합상
相 則非一合相 是名一合相

---

73 여래如來: 여여하게 늘 진리 그대로 오시는 분이란 뜻.(부처님의 十號 가운데 하나)

수보리 일합상자 즉시불가설 단범부지인 탐착
須菩提 一合相者 則是不可說 但凡夫之人 貪着

기사
其事

제30 에너지의 한 덩어리 형태라는 생각〔一合理相分〕

"수보리여! 만일 선남자 선여인이 삼천대천세계 온 우
주를 부수어 먼지 티끌로 만들었다면, 어떻게 생각하는
가? 그 먼지 티끌들이 얼마나 되겠느냐?"

"매우 많겠습니다, 세존이시여! 왜냐하면 그 먼지
티끌들이 실제로 있는 것이라면, 부처님께서는 먼지
티끌들이라 말씀하시지 않았을 것이기 때문입니다.
무슨 까닭인가 하면 부처님께서 먼지 티끌들은 곧 먼
지 티끌들이 아님을 말씀하시어, 먼지 티끌들이라 일
컬으셨기 때문입니다.
세존이시여!
여래께서 설하신 삼천대천세계도 곧 세계가 아니지
만 세계라 이름하셨습니다. 왜냐하면 세계가 실제로 있

는 것이라면 곧 에너지의 한 덩어리 형태일 것입니다. 그러나 여래께서는 에너지의 한 덩어리 형태도 곧 에너지의 한 덩어리 형태가 아님을 말씀하시어, 에너지의 한 덩어리 형태라 일컬으셨기 때문입니다."

"수보리여!
에너지의 한 덩어리 형태란 것은 곧 말로 설할 수 없는 것이거늘, 다만 어리석은 범부들이 그것을 탐내고 집착하느니라."

지견불생분 제삼십일
知見不生分 第三十一

수보리 약인언 불설아견인견중생견수자견 수보리
須菩提 若人言 佛說我見人見眾生見壽者見 須菩提

어의운하 시인 해아소설의부
於意云何 是人 解我所說義不

불야[74]세존 시인 불해여래소설의 하이고 세존설아
不也 世尊 是人 不解如來所說義 何以故 世尊說我

---

74 현재 유통되는 『금강경』(구마라즙 역) 가운데 '不也'가 없는 것(해인사本·

견인견중생견수자견 즉비아견인견중생견수자견
見人見眾生見壽者見 卽非我見人見眾生見壽者見

시명아견인견중생견수자견
是名我見人見眾生見壽者見

수보리 발아뇩다라삼먁삼보리심자 어일체법 응여
須菩提 發阿耨多羅三藐三菩提心者 於一切法 應如

시지 여시견 여시신해 불생법상 수보리 소언법상
是知 如是見 如是信解 不生法相 須菩提 所言法相

자 여래설즉비법상 시명법상
者 如來說卽非法相 是名法相

제31 중생 소견을 내지 말라〔知見不生分〕

"수보리여!

만일 누군가 '부처님께서도 아견·인견·중생견·수
자견을 말씀하셨다'고 한다면, 수보리여! 어떻게 생
각하는가? 그 사람은 내가 말한 뜻을 바로 이해한 것
이냐?"

대정본)과 '不也'가 있는 것(宋本·元本·明本·梵本·조계종표준본) 2가지가
있는데, 여기서는 후자를 따름.

"아닙니다, 세존이시여! 그 사람은 여래께서 말씀하신 뜻을 제대로 알지 못했습니다. 왜냐하면 세존께서는 아견·인견·중생견·수자견이 곧 아견·인견·중생견·수자견이 아님을 말씀하시어, 아견·인견·중생견·수자견이라 일컬으셨기 때문입니다."

"수보리여!

위없이 가장 높고 바르며 원만한 최상의 깨달음(아뇩다라삼먁삼보리)을 이루고자 마음먹은 사람은, 일체 모든 법에 대하여 응당 이와 같이 바로 알고 바로 보며 바로 믿고 이해하여 법상[75]을 내지 말아야 하느니라. 수보리여! 이른바 법상이란 것도 여래는 곧 법상이 아님을 말하여 법상이라 일컬은 것이니라."

---

75 법상法相: 법에 대한 고집을 말하며, 'A는 A다'라는 식의 정형화된 어떤 틀에 박힌 사고방식, 또는 자기가 알고 있는 것을 진리라 착각하여 집착하는 분별을 말함. 다른 말로 '法執'이라고도 함.

응화비진분 제삼십이
應化非眞分 第三十二

수보리 약유인 이만무량아승기세계칠보 지용보시
須菩提 若有人 以滿無量阿僧祇世界七寶 持用布施

약유선남자선여인 발보살심자 지어차경 내지사구
若有善男子善女人 發菩薩心者 持於此經 乃至四句

게등 수지독송 위인연설 기복승피 운하위인연설
偈等 受持讀誦 爲人演說 其福勝彼 云何爲人演說

불취어상 여여부동 하이고 일체유위법 여몽환포
不取於相 如如不動 何以故 一切有爲法 如夢幻泡

영 여로역여전 응작여시관
影 如露亦如電 應作如是觀

불설시경이 장로수보리 급제비구비구니 우바새우
佛說是經已 長老須菩提 及諸比丘比丘尼 優婆塞優

바이 일체세간 천인아수라 문불소설 개대환희 신
婆夷 一切世間 天人阿修羅 聞佛所說 皆大歡喜 信

수봉행
受奉行

제32 인연 조건에 따른 것은 참되지 않다 [應化非眞分]

"수보리여!

만일 누군가 한량없는 아승기의 수많은 세계들에 금은보화 7가지 보배를 가득 채워 보시한다고 하자. 또 어떤 선남자 선여인은 보살의 마음을 내어 이 가르침을 지니되 하다못해 4구절의 게송 하나라도 받아들여 지니고 독송하며 남을 위해 잘 가르쳐준다면, 이 사람의 복이 저 보배를 보시한 것보다 훨씬 더 많으리라.

　그러면 어떻게 남을 위해 잘 가르쳐줄 것인가?

　가르친다는 분별[相]없이 법답게 한결같이 할지니, 무슨 까닭인가?

　인연의 상호작용으로 이뤄진 모든 존재 현상은
　꿈이나 환영과 같으며 물거품이나 그림자 같고
　이슬방울 같으며 또 번갯불과 같나니,
　이처럼 허망한 줄을 자세히 잘 살펴야 하느니라.”

　부처님께서 이 가르침을 설하시고 나자, 덕 높은 장로인 수보리와 여러 비구(출가남성수도자)·비구니(출가여성수도자)·우바새(재가남성신도)·우바이(재가여성신도)들과 일체 세상의 하늘천신과 인간 그리고 아수라[76]들이 부처님 말씀을 듣고는 모두 크게 환희하며 믿고 받

아들여 봉행하였다. [76]

---

76 아수라阿修羅: 범어 Asura의 음역. 싸우기 좋아하여 천상에서 쫓겨난 神
   으로, 나중에 부처님께 귀의하여 불법을 수호하는 八部神衆(천·용·야
   차·건달바·아수라·가루라·긴나라·마후라가) 가운데 속하게 됨.

찾아보기

3,000 독송 기도 일지

금강경 독송의 서원을 세우되 일생 동안 만 번 독송이 어려우면 적어도
삼천 번은 독송하리라 서원을 세우고 꾸준히 실천하시면 좋겠습니다.
또한 이 경전을 주변 분들께 법보시로 선물하여 가정마다 무량복덕 받
으시길 기원합니다.

正 正 正 正 正 正 正 正 正 正
正 正 正 正 正 正 正 正 正 正 100

正 正 正 正 正 正 正 正 正 正
正 正 正 正 正 正 正 正 正 正 200

正 正 正 正 正 正 正 正 正 正
正 正 正 正 正 正 正 正 正 正 300

正 正 正 正 正 正 正 正 正 正
正 正 正 正 正 正 正 正 正 正 400

正 正 正 正 正 正 正 正 正 正
正 正 正 正 正 正 正 正 正 正 500

正 正 正 正 正 正 正 正 正 正
正 正 正 正 正 正 正 正 正 正 600

正 正 正 正 正 正 正 正 正 正

正 正 正 正 正 正 正 正 正 正 700

正 正 正 正 正 正 正 正 正 正

正 正 正 正 正 正 正 正 正 正 800

正 正 正 正 正 正 正 正 正 正

正 正 正 正 正 正 正 正 正 正 900

正 正 正 正 正 正 正 正 正 正

正 正 正 正 正 正 正 正 正 正 **1000**

正 正 正 正 正 正 正 正 正 正

正 正 正 正 正 正 正 正 正 正 1100

正 正 正 正 正 正 正 正 正 正

正 正 正 正 正 正 正 正 正 正 1200

正 正 正 正 正 正 正 正 正 正

正 正 正 正 正 正 正 正 正 正 1300

正 正 正 正 正 正 正 正 正 正

正 正 正 正 正 正 正 正 正 正 1400

正 正 正 正 正 正 正 正 正 正
正 正 正 正 正 正 正 正 正 正 1500
正 正 正 正 正 正 正 正 正 正
正 正 正 正 正 正 正 正 正 正 1600
正 正 正 正 正 正 正 正 正 正
正 正 正 正 正 正 正 正 正 正 1700
正 正 正 正 正 正 正 正 正 正
正 正 正 正 正 正 正 正 正 正 1800
正 正 正 正 正 正 正 正 正 正
正 正 正 正 正 正 正 正 正 正 1900
正 正 正 正 正 正 正 正 正 正
正 正 正 正 正 正 正 正 正 正 **2000**
正 正 正 正 正 正 正 正 正 正
正 正 正 正 正 正 正 正 正 正 2100
正 正 正 正 正 正 正 正 正 正
正 正 正 正 正 正 正 正 正 正 2200

正 正 正 正 正 正 正 正 正 正
正 正 正 正 正 正 正 正 正 正 2300
正 正 正 正 正 正 正 正 正 正
正 正 正 正 正 正 正 正 正 正 2400
正 正 正 正 正 正 正 正 正 正
正 正 正 正 正 正 正 正 正 正 2500
正 正 正 正 正 正 正 正 正 正
正 正 正 正 正 正 正 正 正 正 2600
正 正 正 正 正 正 正 正 正 正
正 正 正 正 正 正 正 正 正 正 2700
正 正 正 正 正 正 正 正 正 正
正 正 正 正 正 正 正 正 正 正 2800
正 正 正 正 正 正 正 正 正 正
正 正 正 正 正 正 正 正 正 正 2900
正 正 正 正 正 正 正 正 正 正
正 正 正 正 正 正 正 正 正 正 3000

역주 | **혜조**惠照

공주사대 독어과 졸업 후 출가.

봉녕사 강원 졸업.

동국대학교 대학원 박사과정 수료.

대한불교조계종 총무원 문화국장 역임.

저서 및 논문으로『우리말 법화삼부경』,『독송용 우리말 법화경』,『우리 말 법화경 사경』(전5권),『행복을 부르는 법화경 사경』(전7권),『운명을 바꾸는 법화경 사경』(전7권),『자비는 인연을 가리지 않네』,『사랑할 시간이 그리 많지 않네』,『이 세상 모든 것은 영원하지 않네』,『너를 위하여 밝혀둔 작은 램프 하나』(시집),『엉겅퀴 붉은 향』(시집),「연기법에 의한 공사상과 중도론 연구」(논문) 등이 있다.

금강반야바라밀경

초판 1쇄 인쇄 2026년 2월 27일 | **초판 1쇄 발행** 2026년 3월 9일
역주 혜조 | **펴낸이** 김시열
펴낸곳 도서출판 운주사

(02832) 서울시 성북구 동소문로 67-1 성심빌딩 3층

전화 (02) 926-8361 | **팩스** (0505) 115-8361

ISBN 978-89-5746-914-9 03220 값 10,000원

http://cafe.daum.net/unjubooks 〈다음카페: 도서출판 운주사〉